사무관리

김원규·이상식 저

남두도서

남두(南斗) : 남두육성(南斗六星)

은하의 중심인 사수자리에 있는 국자모양의 여섯 개의 별로서, 인간의 탄생을 결정하는 별로 알려져 있다.

이 책의

머 리 말

21세기 사회는 정보화시대, 하이테크 시대로 특징짓는 지식산업시대(知識産業時代) 또는 지식융합시대(知識融合時代)라고 한다.

우리 정부도 국가, 기업 또는 개인이든 간에 이러한 시대적 추이에 동참하기 위해 보다 확실한 비전과 미래를 위한 조직의 활성화, 능률화를 통한 효율적 관리에 관심을 갖고, 사무관리규정과 사무관리 시행규칙을 대폭 개정 · 공포하였다.

특히, 전자통신기기의 발달로 대량의 정보가 신속히 전달 · 처리될 수 있게 됨으로써 오늘날 사무관리에서 전자통신기기는 필수적인 요소가 되었으며, 또한 전자통신기기의 발달로 인해 앞으로의 사무처리 방식과 형태에 큰 변화가 예견된다. 즉 행정이나 경영부문에서 스스로 내부적인 효율성 · 경제성 · 생산성 향상을 이루지 못하면 도태될 수밖에 없는 상황을 맞이하고 있다.

그러나 전자통신기기는 어디까지나 사무관리의 도구(수단)에 불과한 것이며, 사무를 보다 효율적으로 운영하기 위해서 이용되는 것이다. 따라서 지식산업시대에 있어서 전자통신기기의 중요성이 증대되는 만큼 조직의 각종 관리를 능률적이고 효과적으로 하기 위해서는 정보의 전달 · 처리가 신속히 이루어져야 하는 사무관리의 중요성이 강조되는 것이다.

사무관리의 이론은 신속성 · 정확성 · 능률성 · 경제성 · 생산성 향상에 관한 이론이다. 따라서 국가 및 지방자치단체, 기업체, 일반조직들도 이제는 보다 진지하게 사무관리를 이러한 취지에 맞추어 활용, 응용하여야 할 것이다.

이 책은 이러한 목적의식을 가지고 지난 1999년 3월 저자가 첫 발간한 사무관리를 토대로, 개정된 사무관리규정과 사무관리규정 시행규칙을 중심으로 전체적인 내용과 흐름을 전면 개편하였다.

그리고 일반직장인으로서 관리자와 실무자는 물론 앞으로 사회진출 예정인 대학생도 이론과 실무에 적응, 참고할 수 있도록 개정된 내용을 중심으로 다음과 같이 정리하였다.

첫째, 다양해지고 있는 정보전달매체의 발전과 발달을 조직의 업무체계에 이용, 활용하는 방법을 수용하였다.

둘째, 지식산업시대에 맞추어 기안문과 시행문의 통합 및 간소화, 문서관리 전 과정을 전자화에 맞도록 재설계한 서식 등 새로이 개정된 사무관리규정에 맞추어 다루었다.

셋째, 개정된 사무관리규정 중 보다 신속한 업무처리가 이루어질 수 있도록 문서처리절차의 효율화와 정보화에 관한 내용을 보완하였다.

넷째, 고도지식정부 구현을 위하여 '전자문서 시스템' 구축을 통한 정부전자문서 유통지원센터 및 시스템 간의 연계에 대해 살펴보았다.

그러나 이 책의 출간에 있어 부족한 점이 많음을 인정한다. 앞으로 이에 대한 보완과 수정을 약속한다.

젊은 날 조국광복을 위해서 혼신을 다하신 아버님 무정(茂亭) 金根洙, 어머님 全月善님 영전(靈前)에 우선 이 책을 바친다.

그리고 나의 자랑스런 세 아들(하원, 효원, 지영)과 언제나 제자리를 지켜준 아내 한인숙에게 고마움을 전한다.

아울러 이 책을 출간하도록 애써준 김정숙, 김윤경 조교, 김도형 군, 유수진 양과 남두도서 남승우 사장님 및 직원 여러분께 감사드린다.

> 혼자 있는 능력은 귀중한 자원이다.
> 혼자 있을 때
> 사람들은 내면 가장 깊은 곳의
> 느낌과 접촉하고,
> 상실을 받아들이고
> 생각을 정리하고
> 태도를 바꾼다.

영장산을 등짐지고 파겁(破怯)의 시간에

2013.07.22.(음 06.15) 유두절(流頭節)

啓仁　김 원규

이 책의

차 례

제 1 장 사무관리

제2장 문서관리

제6장 협조사무

제 1 장

사무관리

1-1 사무의 개념

일반적으로 사무에 대한 종래의 개념은 "사무의 본질을 서류에 관한 업무 또는 그 업무를 수행하는 행위"로 간주한다.

그러나 현대사회가 고도로 산업화되고, 정보화됨에 따라 사무량이 증가되고 사무의 질(質)이 복잡, 다양해짐으로써 사무의 본질을 행정 및 경제, 관리활동을 촉진하고 정보를 처리하는 기능적인 측면으로 파악하고 있다. 즉 사무의 본질을 작업적인 측면과 기능적인 측면으로 살펴볼 수 있는데 그 구체적인 내용은 다음과 같다.

1. 작업적인 측면(소극설)

페이퍼 워크(paper work), 데스크 워크(desk work)라는 점에 중점을 두고, 사무는 사무실에서 이루어지는 문서의 생산, 유통, 보전을 위주로 하는 서류에 관한 작업으로 보는 시각이다.

2. 기능적인 측면(적극설)

사무는 조직의 목적을 달성하기 위하여 정보를 수집, 가공, 저장하여 활용하는 정보처리기능으로 보는 시각이다.

1-2 사무의 기능 및 종류

1. 사무의 기능

1) 조직활동의 보조 및 촉진

문서를 작성하고, 처리하는 작업. 즉 사무는 그 자체를 위하여 있는 것이 아니라, 조직의 목적달성을 위한 업무활동 과정에서 그 수단으로 존재하는 것이다.

사무작업은 업무의 수행과정과 내용 그리고 그 결과를 명확히 할 뿐만 아니라, 그 결과로 남게 된 각종 자료는 다음 활동의 지침이 되거나 의사결정에 필요한 정보를 제공하는 중요한 역할을 한다.

2) 관련 분야의 연계성 유지

사무는 조직체가 행하는 수 개의 활동을 각 부문 또는 기관 간에 서로 연결시켜 주면서 상호간의 활동을 협조, 보완하게 하고, 때로는 견제, 조정하는 역할을 한다.

이러한 사무의 연계기능은 각 부분의 활동을 원활하게 하며, 서로 자기의 위치와 활동방향을 깨닫게 하여 사회유기체의 일원으로서 필요한 활동이 전개되도록 유도하고, 촉진하여 관련 분야 간의 연계성을 유지하도록 한다.

3) 정보처리기능

정보처리란 정보를 수집, 생산, 전달, 정리, 선택, 가공, 분석 및 평가를 하거나 보관하는 활동 등을 말한다. 따라서 사무는 조직의 목적달성을 위한 의사결정에 있어 필요한 정보를 처리한다.

4) 업무수행기능

사무작업은 모든 업무수행에 있어서 필수적인 수단이며, 사무작업의 종류에는 읽기, 쓰기, 의사소통, 조사·확인, 계산, 분류·정리, 기타 서류나 물품의 운반작업 등이 있다.

2. 사무의 종류

1) 목적을 위한 분류

(1) 본래사무

조직의 존립·유지와 조직의 목적달성에 직접적으로 기여할 수 있도록 기능별로 분화된 각 조직 고유의 사무를 본래사무 또는 업무라고 한다. 본래사무는 각 조직영역별로 고유한 내용을 가지며, 기능별로 분화되어 있는 것이 특징이다.

(2) 지원사무

조직목적을 직접적으로 담당하는 사무가 아니라 간접적으로 담당하는 사무를 말한다. 예를 들어 대학의 본래사무가 교육이라면 이를 좀 더 능률적이고 효과적으로 수행하기 위하여 지원하는 사무가 이에 해당한다.

2) 사무의 난이도별 분류

(1) 판단사무

판단사무는 관리사무라고도 하며, 주로 어떤 사안에 대해서 전문적 지식과 경험을 가지고 기획 · 조정 · 심사 · 의사결정 · 조사 또는 통제하는 사무로서 주로 관리층에서 담당하는 사무이다.

(2) 작업사무

읽기 · 쓰기 · 계산 · 운반 · 정리 등 주로 육체활동을 요구하는 사무가 복합화되어 행하여지는 사무를 말한다.

3) 기타 사무의 종류

사무는 그 기준에 따라 여러 가지로 구분할 수 있다. 위임여부에 따라 고유사무와 위임사무, 발생빈도에 따라 일상적인 사무와 예외적인 사무, 사무내용에 따라 또는 업무소관에 따라 국가사무와 지방사무 등으로 나눌 수 있다.

1-3 관리의 개념

1. 관리의 정의와 목적

관리란 어떤 목적을 달성하고자 수행하는 활동이 합리적으로 수행되도록 하는 인간의 활동을 말한다. 관리는 조작으로 하여금 능률적이고 효과적으로 목표를 달성하게 함으로써 조직을 유지, 발전시키는 데 있다.

2. 관리의 본질

① 관리기능은 기술(technic)이기보다 기능(skill, art)이 주된 요소이다.

② 목적이나 목표의 실현을 위한 수단과 방법을 정하는 간접적 행위로 직접 행동을 보조, 촉진하게 하고 조직화하는 역할을 한다.

③ 관리의 2대 지표는 '능률화'와 '비용의 경제화(효율화)'에 있다.

1-4 관리의 기능

① 계획

② 조직

③ 지휘

④ 통제

⑤ 조정

1-5 관리의 특성과 임무

1. 기본특성

① 연속성

② 향상성
③ 침투성
④ 환원성
⑤ 통일성

2. 기본임무

관리는 관리의 구체적이고, 실제적인 행동방향을 나타내는 것이다.

① 목적, 목표, 방침 및 세부활동의 예정
② 균형있고 조화있는 조직의 편성 및 조직화
③ 합리적인 사무처리 절차 및 방법의 도모
④ 인간능력의 계발 및 인화도모
⑤ 제(諸) 자원의 효율적인 활용
⑥ 과학적인 수행기준 개발
⑦ 과학적인 결과측정 및 분석평가

1-6 사무관리의 개념

① 사무의 개념과 관리의 개념에 따른 복합적인 용어의 개념이다.
② 사무는 조직의 목적을 달성하기 위하여 조직원들이 맡은 업무처리 과정에서 발생하는 자료나 정보를 수집, 가공, 저장함은 물론 이를 생산, 유통, 보존하는 작업이다.
② 관리는 어떤 목적을 효율적, 능률적으로 달성하기 위하여 사용

되는 하나의 유용한 수단이다.

③ 사무관리는 정보처리 활동을 효율적이고도 합리적으로 수행하기 위한 제반(諸般) 관리활동이라 할 수 있다.

다시말하면 사무관리란 '사무실의 작업을 능률화, 경제화하기 위한 각종 관리활동'이다.

1. 사무작업의 능률화

1) 작업능률

직업능률은 육체적 작업이 주가 되는 능률이다.

① 작업의 용이, 작업과정의 간소화, 표준화

② 동작의 경제화

③ 사무적인 이동거리(흐름)의 최소화/ 동선

④ 사무자동화, 기계화

⑤ 각종 사무집기의 인체공학적 설계 및 배치

2) 정신능률

① 정신능률은 사무작업에 있어서 정신적인 요소의 최적화를 말한다.

② 정신능률을 저해하는 요인

㉠ 위험성이 수반되는 작업방법

㉡ 많은 작업이 연속되는 작업과정

㉢ 적절하지 못한 인사관리

㉣ 조직구성원 간의 불화, 비협조

㉤ 개인적 능력부족

㉥ 일반 사회생활에서 불평불만이 되는 각종 요소

3) 균형능률

균형능률은 일정한 목적을 달성하는데 필요한 수단이 적절하게 조화된 상태이다.

① 적재적소에 배치

② 능력에 적합한 사무분담

③ 피로, 과로요인의 제거 및 유휴력의 조정

④ 공정한 사무관리(인사관리)

2. 사무비용의 경제화

사무비용의 경제화란 사무처리에 경제원칙을 도입, 최소의 비용으로 최대의 효과를 올리도록 관리하는 것이다.

① 비용절감

② 낭비제거

제 2 장

문서관리

2-1 문서관리 개설
2-2 문서작성의 일반사항
2-3 문서의 구성체제
2-4 문서의 기안
2-5 결 재
2-6 문서의 등록
2-7 문서의 시행
2-8 문서의 접수 및 처리
2-9 전자문서의 표준 및 유통 등
2-10 기록물의 보존관리

2-1 문서관리 개설

1. 문서의 개념

문서(文書)는 문자, 숫자, 기호 등으로 사람의 의사나 사물의 양태, 관계 등을 기록한 것을 말한다. 나아가 일반 기록물을 영구 보존하기 위하여 촬영해 놓은 마이크로필름, 디스켓, 테이프 등과 같은 전자기록 매체와 광디스크 등도 넓은 의미로 보아 문서에 속한다.

2. 문서의 필요성

모든 사무는 문서에서 시작해 문서로 끝난다고 할 수 있다. 문서는 인체의 혈관처럼 사무를 수행하는 과정에서 필수적인 요소이다. 문서는 의사전달과 의사보존을 위해 필요한 것이다. 이를 구체적으로 살펴보면 다음과 같다.

① 내용이 복잡하여 문서가 없이는 당해 업무처리가 곤란할 때
② 사무처리 결과의 증빙자료로서 필요한 때
③ 사무처리의 형식상 또는 체제상 문서의 형식이 필요한 때
④ 사무처리에 대한 의사소통이 대화로는 불충분하여 문서에 의한 의사소통이 필요한 때
⑤ 사무처리의 결과를 일정기간 동안 보존할 필요가 있을 때

그러나 모든 사무활동이 반드시 문서를 필요로 하는 것은 아니다. 문서유통이 지나치게 많으면 오히려 사무관리의 비효율이 초래될 수도 있다.

반면에 문서작성을 반드시 해두어야 할 사항을 귀찮다거나 고의로 회피할 경우 중요한 사항이 기록으로 남지 않아 정보축적이나 업무의 연속성이 결여되는 일이 없도록 하여야 한다.

3. 문서처리의 원칙

문서처리는 다음과 같이 효율적으로 이루어져야 한다.

1) 즉일처리의 원칙

문서의 내용, 성질에 따라 그 처리기간이나 방법이 다를 수 있으나 효율적인 업무수행을 위하여 그 날로 처리하는 것이 바람직하다.

2) 책임처리의 원칙

문서는 여러 단계를 거쳐서 처리되므로 정해진 사무분장에 따라 각자가 직무의 범위 내에서 책임을 가지고 관계 규정에 따라 신속·정확하게 처리하여야 한다.

문서시행 후 조직 내부의 다른 부서와의 의사불일치로 업무추진의 통일성, 일관성이 결여되지 않도록 하여야 한다.

3) 적법성의 원칙

문서는 법령의 규정에 따라 일정한 형식 및 요건을 갖추어야 함은 물론 권한 있는 자에 의해 작성, 처리되어야 한다.

따라서 중요한 요건을 갖추지 못함으로써 문서의 신뢰성을 저해하거나 법령위반 등의 문제가 발생하지 않도록 하여야 한다.

4. 문서의 종류

문서는 작성주체에 의한 분류, 유통 대상에 의한 분류, 성질에 의한 분류 등으로 구분할 수 있다.

1) 작성주체에 의한 분류

(1) 공문서

공문서는 행정기관 또는 공무원이 그 직무상 작성, 처리하거나 또는 접수한 문서를 말한다.

사무관리규정 제3조에서는 "공문서라 함은 행정기관 내부 또는 상호간이나 대외적으로 공무상 작성 또는 시행되는 문서 및 행정기관이 접수한 모든 문서를 말한다."라고 정의하고 있다.

공문서는 일반적인 문서는 물론 도면, 사진, 디스크, 테이프, 필름과 슬라이드, 전자문서 등 특수매체기록 등도 포함된다. 즉 행정상 공문서는 일반적으로 행정기관 또는 공무원이 공무상 작성 또는 시행되는 문서 및 행정기관이 접수한 모든 문서를 말한다.

사무관리규정 제3호제1호에는 "공문서라 함은 행정기관 내부 또는 상호간이나 대외적으로 공무상 작성 또는 시행되는 문서(도면·사진·디스크·테이프·필름·슬라이드·전자문서 등의 특수매체기록을 포함한다. 이하 같다) 및 행정기관이 접수한 모든 문서를 말한다".라고 말한다.

국가행정 작용에 의하여 작성되고 처리되는 공문서가 유효하게 성립되기 위한 일반적 요건은 다음과 같다.

① 당해 기관의 의사표시가 명확하게 표시될 것

② 위법·부당하거나 시행 불가능한 사항이 없을 것

③ 당해 기관의 권한 내의 사항 중에서 작성될 것

④ 법령에 규정된 절차에 따라 형식이 정리될 것

한편 법률상의 공문서를 분류, 살펴보면 다음과 같다.

가. 형법상의 공문서

형법에서 말하는 "공문서"라 함은 공무원이 그 명의로써 권한 내에서 소정의 형식에 따라 작성한 문서를 말한다.

공문서 위조·변조, 허위공문서 등의 작성 및 행사 등 공문서에 관한 죄(제225조 내지 제230조, 제235조 및 제237조)를 규정하여 공문서의 진정성(眞正性)을 보호하고 있는 데, 일반적으로 공문서에 관한 죄는 사문서에 관한 죄보다 무겁게 처벌되고 있다.

나. 민사소송법상의 공문서

민사소송법은 "문서의 방식과 취지에 의하여 공무원이 직무상 작성한 것으로 인정한 때에는 이를 진정한 공문서로 추정한다"(제327조)라고 규정하여 공문서는 그 방식·취지에 의하여 공무원이 직무상 작성한 것으로 인정되는 때에는 진정한 공문서로 추정하여 그 증거능력을 부여하고 있다.

다. 형사소송법상의 공문서

형사소송법은 "호적의 등본 또는 초본, 공정증서등본, 기타 공무원 또는 외국 공무원의 직무상 증명할 수 있는 사항에 관하여 작성한 문서 등은 당연히 증거능력이 있는 서류(제315조)로서 증거로 할 수 있다."고 규정하고 있다.

또한 동법 제147조의 규정에 의하면 공무원 또는 공무원이었던 자를 증인으로 직무상의 비밀에 관한 사항을 심문할 경우에는 법원은 당해 관청 또는 감독관청의 승인을 얻어야 하도록 규정하고 있다.

(2) 사문서

사문서는 개인이 사적(私的)인 목적을 위하여 작성한 문서를 말한다. 법률상 사문서는 앞서 언급한 공문서 이외의 문서로 공무원이 아닌 개인이 작성한 문서를 말한다.

그러나 사문서도 각종 신청서 등과 같이 행정기관에 제출하여 접수가 된 것은 사문서가 아니고 공문서가 된다. 따라서 공문서에 관한 제 규정에 따라 취급되며 그 문서를 제출한 사람도 접수된 문서를 임의로 회수하여 갈 수는 없다.

2) 유통대상에 의한 분류

(1) 대내문서

대내문서란 당해 조직 내부에서 지시 · 명령 또는 협조를 구하거나, 보고 또는 통지를 위하여 수발하는 문서를 말한다. 형식과 절차에서는 대외문서에 비하여 간소하고 신속한 업무처리를 할 수 있도록 하여야 한다.

(2) 대외문서

대외문서란 국민이나 단체 또는 다른 행정기관 간(소속기관 포함)에 수발하는 문서를 말한다. 대내 · 대외문서로 나누는 것은 발신명의, 형식, 처리절차 등을 달리 하여야 할 필요성이 있는데 그 이유는 대내문서에 비하여 대외문서가 효력을 발휘하거나 영향력이 미치는 정도가 다르기 때문이다.

(3) 전자문서

전산망을 통해 작성 · 시행하거나 접수, 처리되는 문서를 말한다.

컴퓨터 등 정보처리능력을 가진 장치에 의하여 전자적인 형태로 작성, 송·수신 또는 저장된 문서를 말한다.

3) 문서의 성질에 의한 분류

사무관리규정 제7조에서는 문서의 성질에 따라 법규문서·지시문서·공고문서·비치문서·민원문서와 일반문서 등 5종으로 구분하고 있다.

(1) 법규문서

법규사항을 규정하는 문서로서 헌법, 법률, 대통령령, 총리령, 부령, 조례 및 규칙 등이 이에 해당한다.

(2) 지시문서

행정기관이 그 하급기관 또는 소속 공무원에 대하여 일정한 사항을 지시하는 문서로서 훈령·지시·예규 및 일일명령 등이 이에 해당한다. 지시문서는 행정법에서는 행정규칙 또는 행정명령이란 용어로 사용하고 있다.

① 훈령 : 상급기관이 하급기관에 대하여 상당한 기간에 걸쳐 그 권한을 일반적으로 지시하기 위하여 발하는 명령을 말한다.

② 지시 : 상급기관이 직권 또는 하급기관의 문의에 의하여 개별적·구체적으로 발하는 명령을 말한다.

③ 예규 : 행정사무의 통일을 기하기 위하여 반복적 행정사무의 처리 기준을 제시하는 법규문서의 형식을 갖춘 문서 중 앞에서 살펴본 법규문서를 제외한 문서을 말한다.

④ 일일명령 : 당직·출장·시간외 근무·휴가 등 일일업무에 관한 명령을 말한다.

(3) 공고문서

행정기관이 일정한 사항을 일반에게 알리기 위한 문서로서 고시·공고 등이 이에 해당한다.

① 고시 : 법령이 정하는 바에 따라 일정한 사항을 일반에게 알리는 문서로서 일단 고시된 사항은 개정이나 폐지가 없는 한 효력이 계속된다.

예를 들면, 민원사무처리에 관한 법률 제9조의 규정에 의한 민원사무처리기준표 고시, 도시계획법 제13조의 규정에 의한 지적고시 등을 말한다.

② 공고 : 일정한 사항을 일반에게 알리는 문서로서 그 내용이 단기적이거나 일시적인 것을 말한다.

예를 들면, 사무관리규정 제40조의 규정에 의한 관인등록공고, 공무원임용시험령 제22조의 규정에 의한 공무원공개경쟁채용시험 또는 공개경쟁승진시험공고 등을 말한다.

(4) 비치문서

행정기관이 일정한 사항을 기록하여 조직 내부에 비치하면서 업무에 활용하는 비치대장, 비치카드 등이 이에 해당한다.

(5) 민원문서

민원인이 행정기관에 허가·인가·신고·기타 처분 등 특정한 행위를 요구하는 문서 및 이에 대한 처리문서를 말한다. 민원사무처리에 관한 법률 시행령 제2조제2항의 규정에 의한 민원사무는 다음과 같다.

① 허가·인가·특허·면허·승인·지정·인정·추천·시험·검

사 · 검정 등의 신청

② 장부 · 대장 등에의 등록 · 등재의 신청 또는 신고

③ 특정한 사실 또는 법률관계에 관한 확인 또는 증명의 신청

④ 법령 · 제도 · 절차 등 행정업무에 관한 질의 또는 상담형식을 통한 설명이나 해석의 요구

⑤ 정부시책이나 행정제도 및 운영의 개선에 관한 건의

⑥ 기타 행정기관에 대하여 특정한 행위를 요구하는 사항

(6) 일반문서

위 각 문서에 속하지 않는 일반적으로 처리되는 문서를 말한다. 다만, 일반문서 중 특수한 것으로 회보 및 보고서가 있다.

① 회보 : 행정기관의 장이 소속원 또는 하급기관에 업무연락 · 통보 등 일정한 사항을 알리기 위한 경우에 사용하는 문서를 말한다. 행정기관 단위로 회보사항을 일괄 수록하여 문서과(총무과) 등에서 발행한다.

② 보고서 : 특정 사안에 관한 현황 또는 연구 · 검토 결과 등을 보고하거나 건의하고자 할 때 작성하는 문서를 말한다.

4) 문서의 작성형식

(1) 법규문서

조문형식(條文形式)에 의하여 작성하고, 누년 일련번호를 사용한다(예 법률 제3288호).

(2) 훈 령

상급기관이 하급기관에 대하여 장기간에 걸쳐 그 권한의 행사를 일반적으로 지시하기 위하여 발하는 명령으로서 조문형식(條文形

式) 또는 시행문(施行文) 형식에 의하여 작성하고, 누년 일련번호를 사용한다(예 훈령 제789호).

(3) 지 시

상급기관이 직권 또는 하급기관의 문의에 의하여 하급기관에 개별적 · 구체적으로 발하는 명령으로서 시행문 형식에 의하여 작성하고, 연도표시 일련번호를 사용한다(예 제2020-56호).

(4) 예 규

행정사무의 통일을 기하기 위하여 반복적 처리기준을 제시하는 법규문서 이외의 문서로서 조문형식 또는 시행문 형식에 의하여 작성하고, 누년 일련번호를 사용한다(예 예규 제45호).

(5) 일일명령

당직, 출장, 시간외 근무, 휴가 등 일일업무에 관한 명령으로서 시행문 형식 또는 회보형식으로 작성하며, 연도표시 일련번호를 사용한다(예 2014-34호).

(6) 고 시

법령에 따라 일정한 사항을 일반에게 알리기 위한 문서로서 연도표시 일련번호를 사용한다(예 고시 2014-제32호).

(7) 공 고

일정한 사항을 일반에게 알리는 문서로서 연도표시 일련번호를 사용한다(예 공고 제2014-제2653).

(8) 일반 문서

기안문(시행문) 또는 서식형식 등에 의하여 등록번호를 사용한다(예 자치행정과-3288).

(9) 회 보

① 회보형식은 사무관리규정에 따른 연도별 일련번호를 사용한다(예 회보 제5호).
② 보고서는 특별한 사유가 없는 한 기안문 형식, 문서번호를 사용한다(예 총무 2653-08).

(10) 보고서

일반기안문 또는 간이기안문 형식으로 작성하며 등록번호를 사용한다.

5. 문서의 성립과 효력발생

1) 문서의 성립

(1) 성립시기

다른 법령에 특별한 규정이 있는 경우를 제외하고는 당해 문서에 대한 결재권자*의 서명(전자문자서명 · 전자이미지서명 및 행정전자서명을 포함함)에 의한 결재가 있음으로써 성립한다.

* 행정기관의 장, 위임전결규정에 의하여 행정기관의 장으로부터 결재권을 위임받은 자 및 영 제16조제3항의 규정에 의하여 대결하는 자를 말한다(사무관리규정 시행규칙 제2조 참조).

(2) 성립요건

정당한 권한이 있는 공무원이 직무의 범위 내에서 공무상 작성하고 결재권자의 결재가 있어야 한다.

2) 효력발생시기

① 일반문서 : 수신자에게 도달한 때에 효력이 발생한다.

② 공고문서 : 고시 또는 공고가 있은 후 5일이 경과한 날에 효력이 발생한다. 다만 효력발생시기가 법령에 규정되어 있거나, 공고문서에 명시되어 있는 경우는 그에 의한다.

③ 전자문서 : 수신자의 컴퓨터 파일에 기록된 때에 효력이 발생한다.

6. 행정전자서명의 인증 및 효력

1) 인증권자의 기능 및 수행권자

안전행정부장관은 행정전자서명에 대한 인증업무를 행하되, 전자정부 구현을 위한 행정업무 등의 전자화 촉진에 관한 법률 시행령 제11조의 규정에 의한 정부전자관인인증관리센터가 그 기능을 수행한다.

2) 행정전자서명의 효력 및 전자문서의 추정

인증을 받은 행정전자서명이 있는 경우에는 사무관리규정 제3조 제8호의 규정에 의한 서명이 있는 것으로 보며, 당해 전자문서는 행정전자서명이 된 후에 그 내용이 변경되지 아니하였다고 추정한다.

3) 위 탁

안전행정부장관은 상기 인증업무 중 안전행정부장관이 지정하여 고시하는 중앙행정기관 · 지방자치단체 또는 그 소속기관에 대한 인증업무를 당해 중앙행정기관 · 지방자치단체 또는 그 소속기관에 위탁한다.

7. 문서수발의 원칙과 각종 대장 · 서식의 관리

문서는 직접 처리하여야 할 행정기관에 발신하는 것을 원칙으로 한다. 다만, 필요한 경우 행정조직상의 계통에 따라 발신하기도 한다.

하급기관에서 직근 상급기관 이외의 상급기관*에 발신하는 문서 중 필요하다고 인정되는 문서는 그 직근 상급기관을 경유하여 발신한다.

그리고 상급기관에서 직근 하급기관 외의 하급기관에 문서를 발신하는 경우에도 전 항과 같이 경유하여 발신한다.

한편 각종 대장 · 서식 등은 특별한 사유가 없는 한 전산화 · 자동화가 용이하도록 전자문서 시스템 등으로 관리하여야 한다.

2-2 문서작성의 일반사항

1. 용지의 규격

용지의 규격은 문서의 작성 · 처리 · 보관 · 보존에 있어서 매우 중요한 사항 중의 하나이다. 문서작성에 쓰이는 용지의 기본규격은 도면, 증표류 기타 특별한 형식의 문서를 제외하고는 가로 210mm,

* 당해 하급기관에 대한 지휘 · 감독권을 갖고 있는 기관을 말한다.

세로 297mm(A4용지)로 한다. 다만, 필요한 경우에는 그 용도에 적합한 규격을 정하여 사용할 수 있다.

2. 용지의 여백

문서의 여 백
- 위로부터 3cm
- 왼쪽으로부터 2cm
- 오른쪽으로부터 1.5cm
- 아래로부터 1.5cm

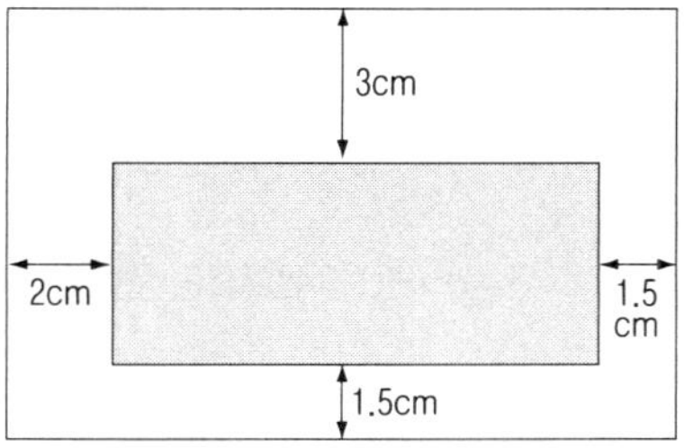

※ 문서의 편철위치나 용도에 따라 각 여백을 달리 할 수 있다.

3. 문서의 용어

① 글자 : 문서는 문화예술진흥법 제7조의 규정에 의한 어문 규범에 맞게 한글로 작성하되, 쉽고 간명하게 표현하고, 뜻을 정확하게 전달하기 위하여 필요한 경우에는 괄호 안에 한자 그 밖의 외국어를 넣어 쓸 수 있으며, 특별한 사유가 있는 경우를 제외하고는 가로로 쓴다[2002. 12. 26 개정].

〈예시〉 | 법규문서는 조문형식(條文形式)에 의하여 ---

② 숫자 : 아라비아 숫자로 쓴다.

③ 연호 : 서기연호를 쓰되 "서기"는 표시하지 않는다.

④ 날짜 : 숫자로 표기하되 년, 월, 일의 글자는 생략하고 그 자리에 온점을 찍어 표시한다(예 2004. 8. 15).

⑤ 시분 : 24시각제에 따라 숫자로 표기하되, 시 · 분의 글자는 생략하고 그 사이에 쌍점(:)을 찍어 구분한다.

〈예시〉

오후 3시 20분 → 15 : 20

4. 문서의 전자적 처리

행정기관의 장은 문서의 기안 · 검토 · 협조 · 결재 · 등록 · 시행 · 분류 · 편철 · 보관 · 보존 · 이관 · 접수 · 배부 · 공람 · 검색 · 활용 등 문서의 모든 처리절차가 전자문서 시스템상에서 전자적으로 처리되도록 하여야 한다.

5. 검토 · 협조 및 결재 중인 전자문서의 열람체계 구축

행정기관의 장은 검토 · 협조 및 결재 중인 전자문서를 검토자 · 협조자 및 결재권자가 동시에 볼 수 있도록 전자문서의 열람체계를 구축할 수 있다.

6. 용지 및 글자의 색채

① 용지는 흰색을 원칙으로 한다.

② 글자의 색채는 검은색 또는 푸른색으로 사용하는 것을 원칙으로 한다. 다만, 도표의 작성이나 수정 · 주의환기 등 특별한 표시를 할 때에는 다른 색을 사용할 수 있다.

7. 문서의 수정

① 문서의 일부분을 삭제 또는 수정하는 경우 원안의 글자를 알 수 있도록 삭제 또는 수정하는 글자의 중앙에 가로로 두 선을 그어 삭제 또는 수정하고, 삭제 또는 수정한 자가 그 곳에 서명 또는 날인한다.

② 문서의 중요한 내용을 삭제 또는 수정하는 경우 문서의 여백에 삭제 또는 수정한 자수를 표시하고 서명 또는 날인한다.

③ 시행문을 정정한 경우 문서의 여백에 정정한 자수를 표시하고 관인으로 날인한다.

〈예시〉

–기안문 3자 수정(서명 또는 날인) –시행문 3자 수정(관인으로 날인)

④ 전자문서일 경우 수정한 내용대로 재작성하여 시행하되, 수정 전의 문서는 기안자·검토자 또는 결재권자가 보존할 필요가 있다고 인정하는 경우에는 이를 보존하여야 한다.

8. 항목의 구분

① 문서의 내용을 2 이상의 항목으로 구분하여 작성하고자 할 때에는 다음과 같이 나누어 표시한다. 다만, 기안문 작성 시에 하나의 항목만 있을 경우에는 항목구분을 생략한다.

※ 부분적으로 필요한 경우에는 ㅁ, ㅇ, –, · 등과 같은 특수한 기호로 표시할 수 있다.

구 분	항 목 부 서
첫째 항목	1., 2., 3., 4 · · · · · · · · · · · · ·
둘째 항목	가., 나., 다., 라 · · · · · · · · · · ·
셋째 항목	1), 2), 3), 4) · · · · · · · · · · · · ·
넷째 항목	가), 나), 다), 라) · · · · · · · · · · ·
다섯째 항목	(1), (2), (3), (4) · · · · · · · · · · · ·
여섯째 항목	(가), (나), (다), (라) · · · · · · · · · ·
일곱째 항목	①, ②, ③, ④ · · · · · · · · · · · · ·
여덟째 항목	㉮, ㉯, ㉰, ㉱ · · · · · · · · · · · · ·

※ 둘째, 넷째, 여섯째, 여덟째 항목의 경우에 하., 하), (하), ㉻ 이상 더 계속되는 때에는 거., 거), (거), ㉮ , 너., 너), (너), ㉯ ....로 이어 표시한다.

② 각 항목의 표시위치 및 띄우기

㉠ 첫째 항목부호는 제목의 첫 글자와 같은 위치에서 시작한다.

㉡ 첫째 항목 다음 항목부터는 바로 앞 항목의 위치로부터 1자(2타)씩 오른쪽에서 시작한다.

㉢ 항목부호와 그 항목의 내용 사이에는 1타를 띄운다.

〈예시〉

수신×ㅇㅇㅇ장관
참조×ㅇㅇㅇ국장
제목×문서작성요령

1.*첫째 항목 ㅇㅇㅇㅇㅇㅇㅇㅇㅇㅇㅇ
×가.*둘째 항목 ㅇㅇㅇㅇㅇㅇㅇㅇㅇㅇㅇ
××1)*셋째 항목 ㅇㅇㅇㅇㅇㅇㅇㅇㅇㅇㅇ
×××가)*넷째 항목 ㅇㅇㅇㅇㅇㅇㅇㅇㅇㅇㅇ
××××(1)*다섯째 항목 ㅇㅇㅇㅇㅇㅇㅇㅇㅇㅇㅇ
×××××(가)*여섯째 항목 ㅇㅇㅇㅇㅇㅇㅇㅇㅇㅇㅇ

※ ×표시는 한글 1자(2타), 표시는 숫자 1자(1타)를 띄움

③ 하나의 본문 아래 항목 구분

〈예시〉

수신×ㅇㅇㅇ장관
참조×ㅇㅇㅇ국장
제목×문서관리교육 실시

×××문서관리교육을 다음과 같이 실시하오니 참석하여 주시기 바랍니다.
×××1.*일시 : ㅇㅇㅇㅇㅇ
×××2.*장소 : ㅇㅇㅇㅇㅇ
×××3.*참석대상 : ㅇㅇㅇㅇㅇ.×끝.

9. 문서의 '끝' 표시

① 본문이 끝났을 경우 : 1자(2타) 띄우고 "끝"자를 쓴다.

〈예시〉

---- 주시기 바랍니다.×끝.

※ ×는 1자(2타) 표시이다.

② 붙임물이 있는 경우

붙임의 표시를 한 다음에 1자(2타)를 띄우고 "끝"자를 쓴다.

〈예시〉

붙임 1. 서식승인 목록 1부. 　　　2. 승인서식 2부.×끝.

③ 본문 또는 붙임의 표시문이 오른쪽 한계선에서 끝났을 경우

다음 줄의 왼쪽 기본선에서 1자를 띄우고 "끝"자를 표시한다.

〈예시〉

붙임 ------------------------------- 1부. ×끝.

④ 연명부 등의 서식을 작성하는 경우

㉠ 기재사항이 서식의 중간에서 끝나는 경우

기재사항의 마지막 다음 줄에 "이하빈칸"이라고 표시한다.

응시번호	성　명	주민등록번호	주　소
10	김길동	560223-1120813	도봉구 번동 413-58
33	홍기용	550415-1020813	종로구 청운동 30-5
		이 하 빈 칸	

㉡ 기재사항이 서식의 마지막 칸까지 작성되는 경우

서식의 칸 밖 다음 줄의 왼쪽 기본선에서 1자를 띄우고 "끝"

자를 표시한다.

응시번호	성 명	주민등록번호	주 소
10	김길동	560223-1120813	도봉구 번동 413-58
33	홍기용	550415-1020813	종로구 청운동 30-5

×끝.

⑤ 전자문서의 일괄기안의 경우

각 안마다 위의 요령에 따라 표시한다.

10. 붙임물의 표시

① 본문이 끝난 다음 줄에 붙임의 표시한다.

② 붙임물이 두 가지 이상인 때에는 항목을 구분하여 표시한다.

〈예시〉

(본문) -- 하시기 바랍니다.
붙임×1.*ㅇㅇㅇ계획서 1부.
2.*ㅇㅇㅇ서류 1부.×끝.

11. 금액의 표시

유가증권 및 문서에 금액을 표시할 때에는 다음과 같이 한다.

〈예시〉 금 15,790원(금일만오천칠백구십원)

※ 다른 법령에 표시방법이 따로 있는 경우 그 법령에 따른다.

12. 문서의 '면' 표시

① 문건별 면 표시는 중앙하단에, 문서철 단위 면 표시는 우측하

단에 표기한다. 참고로 1999. 12. 31.까지는 본문과 붙임의 면 표시는 각각 달리하였으나, 2000. 1. 1.부터 본문과 붙임은 하나의 문건으로 보고 계속 이어서 면 표시를 한다.

② 양면 기재된 문서는 양면에 모두 표시한다.

③ 기록물철의 면 표시는 편철순서대로 맨 아래부터 위로 일련번호로 부여하되, 표지와 색인목록은 제외하고 본문(붙임포함)부터 면 표시를 시작한다.

④ 동일 기록물철을 2권 이상으로 나누어 편철 시 2권 이하의 철 단위 면 표시는 전권의 마지막 쪽수 다음부터 시작한다. 이 경우에도 표지와 색인목록은 면 표시를 제외한다.

⑤ 기록물철 단위 면 표시는 최초에는 연필로 했다가 기록물 정리가 끝나면 비로소 잉크 또는 넘버링기기로 확적하여 표시한다*.

13. 문서에 로고 · 상징 · 마크 또는 홍보문구 등 표시

기안문 및 시행문에는 가능한 한 행정기관의 로고 · 상징 · 마크 또는 홍보문구 등을 표시하여 행정기관의 이미지를 높일 수 있도록 하여야 한다.

* 공공기관의 기록물관리에 관한 법률 시행규칙의 부칙 제5조의 규정에 의하여 사무관리규정 시행규칙 제7조의 규정이 개정되었다.

2-3 문서의 구성체제

- 문서의 구성
  - 두 문
    - 행정기관명
    - (경유)
    - 수신자
  - 본 문
    - 제목
    - 내용
    - 붙임
  - 결 문
    - 발신명의
    - 기안자 · 검토자 · 협조자 · 결재권자의 직위 또는 직급 및 서명
    - 생산등록번호와 시행일자
    - 접수등록번호와 접수일자
    - 행정기관의 우편번호 · 주소 · 홈페이지주소 · 전화번호 · 모사전송번호
    - 공무원의 공식 전자우편주소
    - 공개구분

1. 문서의 구성

① 전자문서인 경우에는 본문은 제목 및 내용으로 할 수 있다.

② 서명에는 전자문서서명 · 전자이미지서명 및 행정전자서명을 포함한다.

기안문의 종류별 문서의 구성요소

㉠ 일반기안문(시행문 겸용) (별지 제1호의2 서식)

일반기안문(시행문 겸용)을 두문 · 본문 및 결문(또는 두문 · 본문 · 결문 및 붙임)으로 구성한다.

※ 이 경우 본문은 제목 · 내용 및 붙임으로 하는 것을 원칙으로 하며, 전자

문서인 경우에는 본문은 제목 · 내용 및 붙임으로 하거나 제목 및 내용으로 할 수 있다.

ⓛ **전자기안문(시행문 겸용) (별지 제3호의2 서식)**

전자기안문(시행문 겸용)은 구성을 두문 · 본문 및 결문(또는 두문 · 본문 · 결문 및 붙임)으로 하지 않고, 표제부와 본문부로 나누며, 서로 다른 파일 또는 같은 파일로 구성하되, 표제부는 두문, 본문의 제목 및 결문으로, 본문부는 제목 · 내용 및 붙임으로 구성할 수 있다.

ⓒ **간이기안문(별지 제3호의3 서식)**

왼쪽 상단에 위치한 문서등록의 표시(등록번호, 보존기간, 결재일자 및 공개구분), 오른쪽 상단에 위치한 결재란의 표시(기안자, 검토자, 협조자, 결재권자), 제목, 요약설명문의 표시, 작성기관의 표시(아래 중앙)로 구성한다. 작성일자는 작성기관의 바로 윗부분에 표시한다.

2. 문서의 등록번호

문서의 등록번호는 처리과별로 기록물등록대장(기본등록사항)에 등록된 순서에 따라 일련번호를 부여한다.

1) 전자문서 시스템과 기록물등록대장상 등록번호

문서의 등록번호는 처리과 기관코드와 연도별 등록일련번호로 구성한다.

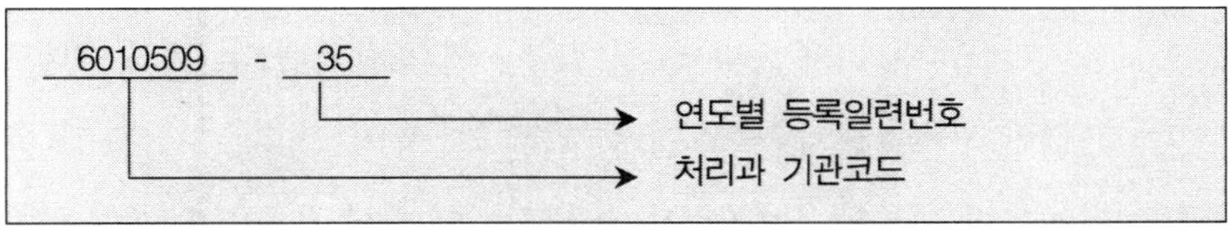

2) 문서(기안문과 시행문, 각종 법령서식)상 등록번호

문서의 등록번호는 처리과명과 연도별 등록일련번호로 구성한다. 여기서 처리과명은 처리부서명(담당부서명)을 말하며, 처리과명이 없는 행정기관은 행정기관명을 표시하되, 10자가 넘는 경우에는 10자 이내의 행정기관명의 약칭을 표시한다.

〈처리과가 있는 경우〉

행정능률과 - 35
→ 연도별 등록일련번호
→ 처리과명

〈처리과가 없고 행정기관명이 10자 이내인 경우〉

동원고등학교 - 45
→ 연도별 등록일련번호
→ 행정기관명

〈처리과가 없고 행정기관명이 10자가 초과한 경우〉

상주출장소 - 55
→ 연도별 등록일련번호
→ 행정기관명 약칭(대구국도유지건설사무소 상주출상소의 약칭)

3. 수신자의 표시

① 문서의 두문 중 수신자란의 표시방법은 다음과 같다.

㉠ 독임제기관의 장 또는 합의제기관의 장의 권한인 경우에는 수신자란에 당해 기관의 장의 직위(수신자명)를 쓰거나 수신자기호를 먼저 쓰고, 이어서 (　　) 안에는 처리할 보조기관 또는 보좌기관의 직위가 분명한 경우에는 그 직위를 쓰되, 그 직위가 분명하지 않는 경우에는 ㅇㅇ업무담당과장 등으로 표시한다.

〈예시〉

(1) 수신자 안전행정부장관(ㅇㅇ과장), 문화체육관광부장관(ㅇㅇ과장) (2) 수신자 중앙인사위원회위원장(ㅇㅇ과장), 안전행정부장관(ㅇㅇ과장) (3) 수신자 정부혁신 · 지방분권위원회위원장(ㅇㅇ과장) (4) 수신자 가49(정보공개업무담당과장), 가52(정보공개업무담당과장), 나01(정보공개업무담당과장), 다01(정보공개업무담당과장)

㉡ 합의제기관의 권한인 경우에는 수신자란에 당해 기관의 명칭을 표시하거나 수신자기호를 표시한다.

〈예시〉

(1) 수신자 중앙인사위원회(ㅇㅇ과장), 국가균형발전위원회(ㅇㅇ과장) (2) 수신자 정부혁신 · 지방분권위원회(ㅇㅇ과장) (3) 수신자 국가균형발전위원회(ㅇㅇ과장) (4) 수신자 가14(ㅇㅇ과장), 가15(ㅇㅇ과장)

㉢ 민원회신문서에는 수신자란에 먼저 민원인의 성명을 쓰고 (예 홍길동 귀하), 이어서 (　) 안에는 우편번호와 주소를 쓰되, 전자문서 시스템에서 우편번호는 검색이 용이하도록 하여야 한다.

〈예시〉

수신자 홍길동 귀하(우110-035 서울특별시 종로구 옥인동 178-99)

㉣ 수신자가 많아 본문의 내용을 기재할 란이 줄어들어 본문의 내용을 첫 장에서 파악하기 곤란한 경우에는 두문의 수신자란에 "수신자 참조"라고 쓰고, 결문의 발신명의 밑의 왼쪽 기본선에 맞추어 수신자란을 설치하여 수신자명 또는 수신자기호를 표시한다.

〈예시〉

* (두문) 수신자 수신자 참조 (문서관리업무담당과장) (결문) 수신자 가, 나, 다, 라, 마, 법원행정처장, 국회사무처장, -------- -- --

ⓜ 내부결재문서는 수신자란에 "내부결재"라고 표시한다.

〈예시〉

수신자 내부결재

② 수신자기호의 제정

㉠ 안전행정부장관

- 중앙행정기관(합의제행정기관 포함)
- 서울특별시 · 광역시 · 도
- 서울특별시 · 광역시 · 도교육청
- 정부투자기관관리기본법에 의한 정부투자기관 등

㉡ 상급기관의 장 : 소속기관

㉢ 당해 행정기관의 장 : 행정기관 내의 보조기관 · 보좌기관

③ 수신자기호와 기관번호(행정표준코드)의 연계

행정기관의 장은 행정기관간의 전자문서의 원활한 유통을 위하여 수신자기호와 기관번호(행정표준코드)를 연계하고, 기관번호의 생성, 폐지, 변경 등의 이력이 관리되도록 하여야 하며, 그 기관번호를 정부 디렉토리시스템에 반영하여야 한다.

♠ 행정표준코드 : 안전행정부 홈페이지(http://mogaha.go.kr)의 행정표준코드 참조

♠ 행정표준코드관리시스템 홈페이지(http://code.gcc.go.kr : 7001/code/)

4. 제목의 표시

제목은 그 문서의 내용을 함축하여 나타내는 문구로서 문서의 내용을 쉽게 알 수 있도록 쉬운 말로 간단하고 명확하게 표시한다.

5. 발신명의의 표시

① 독임제기관의 장 또는 합의제기관의 장의 권한인 경우에는 당해 기관의 장의 명의로 발신한다.

〈예시〉 ○○○장관, ○○시장, ○○군수, ○○위원장 등

② 합의제기관의 권한에 속하는 사항은 당해 기관의 명의로 발신한다.

〈예시〉 ○○위원회

③ 법령에 의하여 행정권한이 위임·위탁된 경우에는 그 위임 또는 위탁을 받은 자의 명의로 발신한다.

④ 행정기관 내 보조기관 및 보좌기관 상호간에 발신하는 문서는 당해 보조기관 또는 보좌기관의 명의로 발신한다.

〈예시〉 ○○과장, ○○실장, ○○담당관 등

⑤ 내부결재 문서는 발신명의를 표시하지 아니한다(사무관리규정 제13조제3항 참조).

2-4 문서의 기안

1. 기안의 일반사항

1) 기안의 의의

기안이라 함은 행정기관의 의사를 결정하기 위하여 문안을 작성하는 것을 말한다. 기안에는 기안문 서식을 사용하는 ① 일반기안 ② 간이기안 ③ 일괄기안(전자문서에 한함) ④ 공동기안과 기안문 서식을 사용하지 아니하는 ⑤ 수정기안 ⑥ 서식에 의한 처리 등이 있다.

2) 기안자의 자격

기안자의 범위에 관하여는 아무런 제한이 없다. 공무원 또는 소관업무 담당자이면 누구든지 기안자가 된다. 즉 사무관리규정 제5조의 규정에 의하여 분장 받은 업무에 대하여 그 업무를 담당하는 자는 직급 등에 관계없이 기안할 수 있다. 다만, 접수문서를 공람하는 결재권자는 동 규정 제23조제4항의 규정에 의하여 그 처리담당자를 따로 지정할 수 있으므로 이 경우의 지정된 자도 기안자가 된다.

3) 기안의 요인

기안은 접수한 문서를 처리하기 위한 경우, 상급자의 지시사항을 처리하기 위한 경우, 순수한 자기발안의 경우, 법령이나 훈령 · 예규 등의 근거에 의하여 하는 경우 등이 대부분이다.

4) 기안의 원칙

문서의 기안은 전자문서로 함을 원칙으로 한다. 다만, 업무의 성격 기타 특별한 사정이 있는 경우에는 종이문서로 기안할 수 있다.

5) 기안문의 형식

사무관리규정 제14조는 문서의 기안은 정기보고 또는 수시보고, 경미한 사항의 허가 · 인가 · 증명서 교부 기타 관례적인 사무에 관한 문서 및 비치문서 등을 제외하고는 일정한 형식의 기안문 서식에 의하도록 하고 있으며, 그 서식의 종류는 다음과 같다.

① 일반기안문(별지 제1호의2 서식) : 내부결재문서, 대내문서, 대외문서 등 모든 문서에 사용한다. 종이문서와 전자문서에 모두 사용한다.

② 전자기안문(별지 제3호의2 서식) : 내부결재문서, 대내문서, 대외문서 등 모든 문서에 사용한다. 전자문서에만 사용한다.

③ 간이기안문(별지 제3호의3 서식) : 내부결재문서에만 사용한다. 종이문서와 전자문서에 모두 사용한다.

④ 대통령결재용 기안문과 간이기안문은은 별지 제4호 서식1과 2와 같다.

⑤ 관계서식이 개별법령에 따로 있는 경우에는 그 내용을 관계서식에 기입하는 방법으로 할 수 있다.

⑥ 별지 제3호의3 서식(간이기안문) 및 별지 제4호의2 서식(대통령결재용 간이기안문)은 보고서 · 계획서 · 검토서 등 내부결재문서에 한하며, 시행문으로 변환하여 시행할 수 없다*.

---

* 시행을 전제로 한 문서는 반드시 별지 제1호의 2서식 또는 별지 제4호 서식을 사용하여야 한다.

⑦ 대통령의 결재를 받아야 하는 경우에 사용하는 기안문은 별지 제4호 서식 또는 별지 제4호의2 서식에 의한다. 이 외에 특별한 결재절차에 사용하기 위한 기안문 서식이 필요한 경우에는 서식을 따로 정하여 사용할 수 있다.

6) 기안문상 발의자 및 보고자 표시

(1) 발의자 및 보고자의 의의

기안문에는 발의자와 보고자를 알 수 있도록 표시하여야 한다. 여기서 발의자란 기안하도록 지시한 자 또는 지시자가 없는 경우 스스로 입안한 자를 말하며, 보고자란 결재권자에게 직접 보고하는 자를 말한다.

(2) 발의자 및 보고자의 표시기호

발의자 표시기호는 ★표시로, 보고자의 표시기호는 ◉표시로 한다. 그리고 발의자와 보고자가 동일인인 경우에는 ★, ◉를 함께 표시한다.

(3) 전자문서인 경우에 발의자의 표시방법

전자문서인 경우에는 발의자는 해당란에 ★표시를 하거나 발의자가 누구인지를 검색할 수 있도록 기안자·검토자 또는 결재권자의 직위 또는 직급란에 발의자 항목을 추가할 수 있다. 특히 발의자의 표시가 전자문서 시스템에서 검색이 가능하도록 발의자의 표시를 하거나 발의자 항목을 추가하여야 한다.

(4) 발의자 및 보고자의 표시기호 생략 가능 문서

① 검토 및 결정을 요하지 아니하는 문서
② 제증명 발급, 회의록, 기타 단순사실을 기록한 문서
③ 일상적 · 반복적인 업무로서 경미한 사항에 관한 문서

(5) 발의자 및 보고자의 표시기호 위치

발의자 및 보고자의 표시기호는 기안문의 해당 직위 또는 직급의 앞 또는 위에 한다.

(6) 전자문서로 결재하거나 결재권자에게 직접 보고하지 아니하는 경우에는 보고자 표시를 생략한다.

7) 기안문 작성 시 유의사항

(1) 정확성(바른 글)

6하 원칙에 의하여 작성하여야 하며, 애매한 표현이나 과장된 표현을 피한다.

〈애매한 문장의 사례〉

『광복절기념행사에 직원 2명을 참석하도록 하시기 바랍니다.』

〈의문사항〉

• 직원 2명의 성별 및 직급불분명 • 각과에서 2명인지, 국 또는 부 전체에서 2명인지 불분명 • 직원 2명이 참석자인지, 행사지원요원인지 불분명

(2) 신속성(이해가 빠른 글)

문장은 짧게 끊어서 개조식으로 쓰며, 가급적이면 먼저 결론을 쓰고 그 다음에 이유 또는 설명을 쓴다.

(3) 용이성(쉬운 글)

① 읽기 쉽고 알기 쉬운 말을 쓰며, 한자나 어려운 전문용어는 피한다. 다만, 한자 또는 전문용어를 쓸 필요가 있을 때에는 (   )를 하여 한자를 쓰거나 용어의 해설을 붙인다.

② 받는 사람의 이해력과 독해력을 고려하여 작성하여야 하며, 다루기 쉽게 1건 1매주의(1매 BEST)로 한다.

(4) 경제성(효율성이 있는 글)

① 일상 반복적인 업무는 표준 기안문을 활용한다.

② 용지의 규격 · 지질을 표준화한다.

③ 서식을 통일한다.

④ 문자를 부호화하여 활용한다.

(5) 성실성(호감이 가는 글)

적절한 경어를 사용하며, 감정적 · 위압적인 과격한 표현이나 과장된 표현을 쓰지 않는다.

2. 기안문의 검토 및 협조

1) 일반사항

기안자는 기안문에 대한 형식 · 내용을 최종적으로 확인한 후 결재권자의 결재를 받기 전에 보조기관 또는 보좌기관의 검토를 받는다.

특히 전자문서인 경우 결재 후에는 수정이 불가능함으로 결재 전에 형식 · 내용 등을 반드시 확인하여야 한다.

(1) 총괄책임자가 기안하는 경우

업무분담자의 의견을 들은 후 보조기관 또는 보좌기관의 검토 · 결재 등을 받아야 한다. 총괄책임자는 기안자란에, 업무분담자는 검토자란에 서명한다*. 기안자 및 검토자란 용어는 생략하며, 협조자란 용어는 표시한다. 〈예시〉는 다음과 같다.

〈예시〉

행정사무관 **김삿갓** 행정주사 **김홍도** 행정능률과장 **김갑을** 행정관리국장 **전결** 10/20 **김갑을** 협조자 행정제도과장 **김을순**

(2) 업무분담자가 기안하는 경우

총괄책임자**의 검토를 거친 후 보조기관 또는 보좌기관의 검토 · 결재 등을 받아야 한다. 이 경우 업무분담자***는 기안자란에, 총괄책임자는 검토자란에 서명한다. 기안자 및 검토자란 용어는 생략하며, 협조자란 용어는 표시한다. 〈예시〉는 다음과 같다.

〈예시〉

행정주사 **김삿갓** 행정사무관 **김갑순** 행정능률과장 **김홍도** 행정관리국장 **전결** 10/20 **김홍도** 협조자 행정제도과장 **김갑돌**

---

* 총괄책임자와 업무분담자의 직급은 온전하게 쓴다.

** 총괄책임자는 업무분장상 수 개의 업무단위를 총괄하는(직제상 직위가 없는 자임)를 말한다.

*** 업무분담자는 업무분장에 의하여 직접 업무를 담당하는 자를 말한다. 업무분장을 보조(좌)기관이 아닌 자(직위가 없는 자)에게 각각 분장한 경우에는 모두가 업무분담자이며(담당자, 실무자, 담당 등), 이 경우 총괄책임자라는 용어는 사용하지 않는다.

(3) 출장 등의 사유로 검토를 받을 수 없는 경우

보조기관, 보좌기관 및 총괄책임자의 출장 등의 사유로 검토를 받을 수 없는 경우에는 검토를 생략하되, 검토자의 서명란에 출장 등의 사유를 명시하여야 한다.

〈예시〉

행정주사 **김삿갓** 행정사무관 **김갑순** 행정능률과장 **김홍도** 행정관리국장 **전결** 10/20 **김홍도** 협조자 행정제도과장 **김갑돌**

2) 기관의 협조

기안문의 내용이 다른 보조기관 또는 보좌기관이나 다른 행정기관의 업무와 관련이 있는 때에는 그 기관의 협조를 받는다.

① 협조의 내용이 간단한 경우에는 기안문의 협조자란을 이용한다.

〈예시〉

행정주사 **김삿갓** 행정사무관 **이순남** 행정능률과장 **김홍도** 행정관리국장 **전결** 10/20 **김홍도** 협조자 행정제도과장 **김좌진**

② 내용이 복잡하여 충분한 검토를 요하는 때에는 사무관리규정 제6장의 기관 간 업무협조에 관한 규정에 따라 처리한다.

3) 기안문의 검토 및 협조절차

기안문의 검토 및 협조의 일반적인 절차는 다음과 같다.

협조순서는 두 가지가 가능하다.

기안부서의 총괄(계장) ⇒ 협조부서의 총괄(계장) ⇒ 기안부서의 과장 ⇒ 협조부서의 과장의 순서 또는 기안부서의 총괄(계장), 과장 ⇒ 협조부서의 총괄(계장), 과장의 순서이다.

〈기안문의 검토 및 협조절차〉

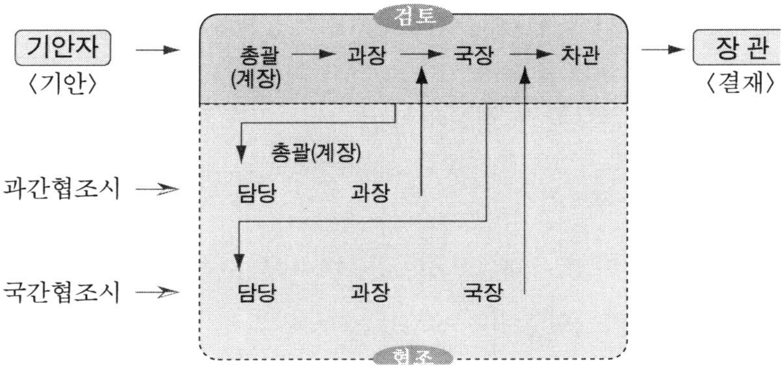

그리고 협조에 있어 과장·국장 등의 협조가 필요한 경우 과장·국장은 업무를 총괄하고 있으므로 실질적인 세부업무에 대한 협의는 해당 업무담당자 또는 총괄(계장)담당자와 사전 협의를 한 후 과장·국장의 협조서명을 받는 것이 좋다.

4) 다른 의견의 표시

기안문의 내용에 대하여 검토 또는 협조한 자가 다른 의견을 표시한 때에는 당해 문서 본문의 마지막 또는 별지에 그 의견을 표시하여 결재권자가 결재를 함에 있어 또는 향후 그 업무를 담당하는 자로 하여금 참고하도록 한다. 표시방법은 해당 직위 또는 직급 다음에 "(의견있음)"이라고 표시하고 해당 서명란에 서명하여야 한다. 다만, 전자기안문(별지 제3호의2 서식)인 경우에는 다른 의견을 표제부에 표시한다.

5) 기안자·검토자·협조자의 표시

문서를 기안한 자는 그 기안문의 기안자란에 직위 또는 직급을 온전하게 쓰고 서명란에 서명한다. 그리고 기안문의 내용에 대하여 검토 또는 협조한 자는 그 기안문의 검토자 또는 협조자란에 직위 또는 직급을 온전하게 쓰고 서명란에 서명한다.

6) 검토자의 검토사항

(1) 형식면

① 법령의 형식요건을 구비하고 있는가?
② 소관사항임에 틀림없는가?
③ 결재권자의 표시는 적정한가?
④ 협조부서의 합의는 거쳤는가?
⑤ 사무의 절차는 잘못이 없는가?
⑥ 수신자 및 발신자 등의 표시는 착오가 없는가?

(2) 내용면

가. 법률적 검토

① 허가 · 인가 · 승인 등에 대한 법정요건은 무엇이며 그 요건을 충족하고 있는가?
② 의결기관의 의결사항은 인가? 또는 의결을 거쳤는가?
③ 소정의 경유기관은 거쳤는가?
④ 법정의 기한, 조건 등이 있는가? 또는 그 기한, 조건 등을 충족하고 있는가?
⑤ 시효와의 관계는 어떤가?
⑥ 법령 · 예규 · 지시 등에 위배되지 않는가?

나. 행정적 검토

① 공공복지와의 관계는 어떤가?
② 재량의 적부범위는 적합한가?

③ 여론에 대한 영향은 어떤가?

④ 관례나 선례는 어떻게 되어 있는가?

⑤ 처리는 지연되지 아니 하였는가?

⑥ 경과조치가 필요한 사항이 아닌가?

⑦ 필요한 사항이 빠져 있지 않은가?

다. 경제적 검토

① 과다한 경비투입을 요하는 사항이 아닌가?

② 예산상의 조치가 필요한 것이 아닌가?

③ 경비를 보다 절약할 수 있는 다른 대안은 없는가?

7) 검토자의 수 제한

행정기관의 장은 결재권자의 결재에 이르기까지 검토자의 수가 2인을 넘지 않도록 노력하여야 한다. 이는 결재단계가 3단계 이내가 되도록 행정기관의 장에게 노력의무를 부과하기 위한 것이다. 여기서 3단계의 결재단계에는 기안단계를 제외한 것이다.

3. 기안의 방법

1) 일반기안

일반기안이라 함은 어떤 하나의 안건을 처리하기 위하여 정해진 기안문에 기안을 작성하는 것을 말한다. 기안문의 서식예는 다음과 같다.

(1) 일반기안문[별지 제1호의2 서식]

행 정 기 관 명

수신자 : 수신자명, 수신자기호 (처리할 자의 직위)
(경유)
제목 :

발 신 명 의 ⑪

기안자(직위/직급)서명 검토자(직위/직급)서명 결재권자(직위/직급) 서명
협조자(직위/직급)서명
시행 처리과명-일련번호(시행일자) 접수 처리과명-일련번호(접수일자)
우 주소 / 홈페이지 주소
전화 ( ) 전송 ( ) / 공무원의 공식 전자우편주소/공개구분
공개, 부분공개, 비공개

〈처리요령〉

(이 란은 서식에 포함하지 아니함)

1. 행정기관명 : 그 문서를 기안한 부서가 속한 행정기관명을 기재한다.
2. 수신자 ( ) : 수신자명 또는 수신자기호를 먼저 쓰고, 이어서 괄호 안에는 처리할 자(보조기관 또는 보좌기관을 말한다)의 직위를 쓰되, 처리할 자의 직위가 분명하지 아니한 경우에는 ○○업무 담당과장 등으로 쓰며, 수신자가 많아 본문의 내용을 기재할 란이 줄어들어 본문의 내용을 첫 장에서 파악하기 곤란한 경우는 두문의 수신자란에 "수신자 참조"라고 쓰고, 결문의 발신명의 밑의 왼쪽 기본선에 맞추어 수신자란을 설치하여 수신자명 또는 수신자기호를 표시한다.
3. (경유) : 경유문서인 경우에 (경유)란에 "이 문서는 경유기관의 장은 ○○○(또는 제1차 경유기관의 장은 ○○○, 제2차 경유기관의 장은 ○○○)이고, 최종 수신기관의 장은 ○○○입니다."라고 표시하고, 경유기관의 장은 제목란에 "경유문서의 이송"이라고 표시하여 순차적으로 이송하여야 한다.
4. 제목 : 그 문서의 내용을 쉽게 알 수 있도록 간단하고, 명확하게 기재한다.
5. 발신명의 : 합의제 행정기관 또는 행정기관의 장의 명의를 기재하고, 보조기관 또는 보좌기관 상호간에 발신하는 문서는 그 보조기관 또는 보조기관의 명의를 기재한다.
6. 기안자 · 검토자 · 협조자 · 결재권자의 직위/직급 : 직위가 있는 경우에는 직위를 온전하게 쓰고, 직위가 없는 경우에는 직급을 온전하게 쓴다. 다만, 기관장과 부기관장의 직위는 간략하게 쓴다.
7. 시행 처리과명-일련번호(시행일자) 접수 처리과명-일련번호(접수일자) : 처리과명(처리과가 없는 행정기관은 10자 이내의 행정기관의 약칭)을 기재하고, 일련번호는 연도별 일련번호를 기재하며, 시행일자와 접수일자란에는 연월일을 각각 온점(.)을 찍어 숫자로 기재한다. 다만, 민원문서인 경우로서 필요한 경우에는 시행일자와 접수일자란에 시 · 분까지 기재한다.
8. 우 주소 : 우편주소를 기재한 다음, 행정기관이 위치한 도로명 및 건물번호 다음에 괄호하여 주소를 기재하고, 사무실이 위치한 층수와 호수를 괄호안에 기재한다.
   (예) 우110-034 서울특별시 종로구 효자로 39(창성동 117) (2층 208호)
9. 홈페이지 주소 : 행정기관의 홈페이지 주소를 기재한다. (예) www.mogaha.go.kr
10. 전화( ) 전송( ) : 전화번호와 모사전송번호를 각각 기재하되, ( )안에는 지역번호를 기재한다. 기관 내부문서의 경우는 구내 전화번호를 기재한다.
11. 공무원의 공식 전자우편주소 : 행정기관에서 공무원에게 부여한 전자우편주소를 기재한다.
12. 공개구분 : 공개 · 부분공개 · 비공개로 구분하여 표시한다. 부분공개 · 비공개인 경우에는 공공기관의 기록물관리에 관한 법률 시행규칙 제16조의 규정(별표 11)에 의한 공개여부 구분번호를 선택하여 ( ) 안에 표시한다.
13. 관인생략 등 표시 : 발신명의의 오른쪽에 관인생략 또는 서명생략을 표시한다.

※ 기안자 · 검토자 및 결재권자 (직위/직급) 서명 : "기안자 · 검토자 및 결재권자"의 용어는 표시하지 아니하고, 기안자 · 검토자 및 결재권자의 직위/직급을 쓰고 서명한다.

※ 협조자(직위/직급) 서명 : "협조자"의 용어를 표시한 다음, 이어서 직위/직급을 쓰고 서명한다.

※ 전결 및 서명표시 위치 : 사무관리규정 제16조제2항 및 동 규정 시행규칙 제19조제1항의 규정에 의하여 결재권이 위임된 사항을 전결하는 경우에는 행정기관의 장의 결재란을 설치하지 아니하고 전결하는 자의 서명란에 "전결" 표시를 한 후 서명한다.

※ 전결 · 대결 및 서명표시 위치 : 사무관리규정 제16조제3항 및 동 규정 시행규칙 제19조제2항의 규정에 의하여 위임전결사항을 대결하는 경우에는 행정기관의 장의 결재란을 설치하지 아니하고 전결하는 자의 서명란에 "전결" 표시를 한 후 대결하는 자의 서명란에 "대결" 표시를 하고 서명하며, 위임전결사항이 아닌 사항을 대결한 경우에는 행정기관의 장의 결재란을 설치하지 아니하고 대결하는 자의 서명란에 "대결" 표시를 하고 서명한다.

※ 발의자(★) · 보고자(◉)의 표시는 직위 또는 직급 앞 또는 위에 한다.

※ "수신자"는 "받는 자"로 사용할 수 있다.

[통합서식] 사례 1(일반문서, 전결문서) 〈생산된 기안문〉

안 전 행 정 부

수신자　보건복지부장관　(행정관리담당관)
(경유)
제목　　서식승인 알림

1. 귀 부 행정관리담당관-179(2015. 11. 12.)와 관련됩니다.
2. 귀 부의 소관 법령인 「장애인복지법시행령개정령(안)」 중 별지 서식의 승인신청에 대하여 붙임과 같이 알립니다.

붙임 승인서식 33부. 끝.

안 전 행 정 부 장 관

행정주사 **허북식**　　　　행정사무관 **김광천**　　　　행정능률과장 전결 11/20 **신극락**
협조자
시행　행정능률과-141 (2015. 11. 20.)　　접수　　　　(　　　　　)
→ 기안할 때부터-관계철, 보존기간 ○년, 우선 분류등록 후
∴ 보류, 수정, 반려된 것도 남음
우110-760 서울시 종로구 세종로 77-6(11층 1115호) / www.mogaha.go.kr
전화 (02)3703-4684 전송 (02)3703-5532 /hernam59@mogaha.go.kr/공개

[통합서식] 사례 2(일반문서, 전결문서) 〈접수된 시행문〉

안 전 행 정 부

수신자　보건복지부장관 (행정관리담당관)
(경유)
제 목　서식승인 알림

---

1. 귀 부 행정관리담당관-179(2015. 11. 12.)와 관련됩니다.
2. 귀 부의 소관 법령인 「장애인복지법시행령개정령(안)」 중 별지 서식의 승인신청에 대하여 붙임과 같이 알립니다.

붙임 승인서식 33부. 끝.

안 전 행 정 부 장 관 ㊞

행정주사 **허북식**　　　행정사무관 **김광천**　　　행정능률과장 전결 11/20 **신극락**
협조자
시행　행정능률과-141 (2015. 11. 20.) 접수 행정관리담당-39(2014.11/22.)
　　　└──→ 접수등록번호
우110-760 서울시 종로구 세종로 77-6(11층 1115호) /www.mogaha.go.kr
전화 (02)3703-4684 전송 (02)3703-5532 /hernam59@mogaha.go.kr/공개

[통합서식] 사례 3(민원문서)

안 전 행 정 부

수신자 홍길동 귀하 (우110-135 서울특별시 종로구 옥인동 177-22)
(경유)
제목 민원사항 회신

1. 안녕하십니까? 귀하께서 우리 부에 요청하신 민원사항에 대하여 다음과 같이 회신합니다.
   1. 민원 요청 내용
      대통령령 제16,521호로 개정된 사무관리규정이 공포된 후 시 · 군 · 구 · 동 단위 일선(一線) 행정기관이 공문서에 한자 병기(倂記)가 시행되고 있는지 여부와 가능하면 공문서 사본(寫本)을 첨부(添附)하여 주기를 요청한다.
   2. 회신 내용
      붙임 공문서 사본과 같이 공문서를 작성하는 경우에 올바른 뜻의 전달을 위하여 필요한 경우에는 괄호 안에 한자 기타 외국어를 넣어 사용하고 있습니다.
2. 위 사항과 관련하여 궁금한 사항은 아래 담당자에게 연락하여 주시면, 성실히 안내하여 드리겠습니다.

붙임 공문서 사본(한자 병기 사례) 1부. 끝.

안 전 행 정 부 장 관

행정주사 **허북식** 행정사무관 **김광천** 행정능률과장 전결 11/20 **신천지**
협조자
시행 행정능률과-141 (2014. 9. 7.) 접수 ( )
우110-760 서울시 종로구 세종로 77-6 (11층 1115호)/www.mogaha.go.kr
전화 (02)3703-4684 전송 (02)3703-5532/hernam59@mogaha.go.kr/공개

(2) 전자기안문[별지 제3호의2 서식]

(표제부)

행 정 기 관 명

수신자 ( )
(경유)
제목

본 서식은 표제부입니다.
본문 내용은 본문부(별도 파일)을 이용하시기 바랍니다.

본문 내용에 대한 의견이 있는 경우에만 아래에 기재합니다.
1. 의견내용
2. 의견을 표시한 자의 소속, 직위(직급) 및 성명 (시행문에 함께)
기안, 검토자가 결재권자와 다른 의견이 있을 경우도 해당

발 신 명 의 ㊞

기안자(직위/직급)서명 검토자(직위/직급)서명 결재권자(직위/직급) 서명
협조자(직위/직급)서명
시행 처리과명-일련번호(시행일자) 접수 처리과명-일련번호(접수일자)
우 주소 / 홈페이지 주소
전화 ( ) 전송 ( ) / 공무원의 공식 전자우편주소/공개구분

(본문부)

제목

[전자기안문] 사례

(표제부)

행 정 기 관 명

수신자 수신자 참조
(경유)
제목 『안전행정부 정책평가위원회』 전체회의 개최

본 서식은 표제부입니다.
본문 내용은 본문부(별도파일)를 이용하시기 바랍니다.

안전행정부장관 관인생략

수신자 중앙공무원교육원장(교육총괄과장), 정부청사관리소장(관리총괄과장), 정부기록보존소장(행정과장), 정부전산정보관리소장(정보유통과장), 국가전문행정연수원장(총무과장)

행정주사 **정한국** 행정사무관 **조선국** 행정관리담당관 **전결 9/1 한경호**
협조자
시행 행정관리담당관-1348 (2013.9.1.) 접수 행정능률과-866(2003.9.2.)
우110-760 서울특별시 종로구 세종로 55(세종로1가 77-6) (14층 1415호)/www.mogaha.go.kr
전화(02)3703-4335 전송(02)3703-5506/jkk0816@mogaha.go.kr/공개

(본문부)

제목 『안전행정부 정책평가위원회』 전체회의 개최

1. 행정관리담당관-1332(2013. 8. 30.)호와 관련됩니다.
2. 국무조정실의 하반기 중앙행정기관 평가에 대비하고, 주요정책과제의 시행·평가계획 및 하반기 평가방향에 대한 실질적인 토론으로 개혁과제의 효율적인 추진방안을 모색하기 위하여 『안전행정부 정책평가위원회』 전체회의를 붙임과 같이 개최하오니, 정책과제 소관 실·과에서는 회의에 참석하여 주시기 바라며,
3. 아울러, 소관 실·과에서 이미 작성한 2013년도 주요업무 시행·평가계획을 다음과 같이 보완하여 **2013. 9. 16.(화)**까지 제출하여 주시기 바랍니다.
   가. 평가계획서 작성 당시와 비교하여 행정환경 변화 등으로 계획내용이 변경된 경우 수정·보완하고, 계획달성이 어려운 경우 일정 조정
   나. 평가계획서 내용에는 없으나, 평가과제와 관련되는 성과가 있는 부분 등은 내용을 추가하여 정책성과가 극대화될 수 있도록 내용 보강
   다. 행정관리담당관-1330(2013. 8. 30.)호로 이미 통보된 "주요 정책 국민만족도" 제고 대책 중 사이버 토론회 내용 등 여론수렴, 홍보계획을 포함·반영하여 충실하게 보완 작성
4. 특히, 각 실·국에서는 회의 당일(9. 26.) 오전 중에 소위원회를 반드시 개최하고, 전체회의시에 소위원회별로 1차 심의결과를 분과위원장이 핵심사항 위주로 보고될 수 있도록 사전준비에 만전을 기해 주시기 바랍니다.

붙임 안전행정부 정책평가위원회 전체회의 개최계획 1부. 끝

(3) 간이기안문[별지 제3호의3 서식]

등록번호	
등록일자	
결재일자	
공개구분	

협조자			

(제　　　　　목)

※ 필요한 경우 보고근거 및 보고내용을 요약하여 기재할 수 있음.

○ ○ ○ ○ 부　　　　　　　○ ○ ○ ○ 부
(처 · 청 또는 위원회 등) 또는 (처 · 청 또는 위원회 등)
○ ○ ○ ○ 국　　　　　　　○ ○ ○ ○ 과

비　고(이 란은 서식에 포함하지 아니함)

1. 이 서식은 보고서 · 계획서 · 검토서 등 내부적으로 결재하는 문서에 한하여 사용하며, 시행문으로 변환하여 사용할 수 없다.
2. 등록번호란 : 처리과기관모드[처리과명(처리과가 없는 행정기관은 10자 이내의 행정기관명의 약칭)을 말한다]와 연도별 일련번호를 기재한다.
3. 공개구분란 : 공개, 부분공개, 비공개로 구분하여 표시한다. 부분공개, 비공개인 경우에는 공공기관의 기록물관리에 관한 법률 시행규칙 제16조의 규정(별표 11)에 의한 공개여부 구분번호를 선택하여 (　)안에 표시한다.
4. 기안자, 검토자, 협조자, 결재권자의 직위/직급 : 직위가 있는 경우에는 직위를 온전하게 쓰고, 직위가 없는 경우에는 직급을 온전하게 쓴다. 다만, 기관장과 부기관장의 직위는 간략하게 쓴다.
5. 발의자(★), 보고자(◉)표시 : 해당 직위 또는 직급의 앞 또는 위에 한다.
6. 전결 및 서명표시 위치 : 사무관리규정 제16조제2항 및 동 규정 시행규칙 제19조제1항의 규정에 의하여 결재권이 위임된 사항을 전결하는 경우에는 행정기관의 장의 결재란을 설치하지 아니하고 전결하는 자의 서명란에 "전결" 표시를 한 후 서명한다.
7. 전결 · 대결 및 서명표시 위치 : 사무관리규정 제16조제3항 및 동 규정 시행규칙 제19조제2항의 규정에 의하여 위임전결사항을 대결하는 경우에는 행정기관의 장의 결재란을 설치하지 아니하고 전결하는 자의 서명란에 "전결" 표시를 한 후 대결하는 자의 서명란에 "대결" 표시를 하고 서명하며, 위임전결사항이 아닌 사항을 대결한 경우에는 행정기관의 장의 결재란을 설치하지 아니하고 대결하는 자의 서명란에 "대결" 표시를 하고 서명한다.
8. 보조기관 또는 보좌기관의 전결사항이 아닌 결재사항인 경우에는 검토자는 해당란에 서명을 하고, 보조기관 또는 보좌기관은 그 보조기관 또는 보좌기관의 직위를 쓰고, 해당란에 서명한다.
9. 크기 및 결재란 수는 조정하여 사용할 수 있다.

[간이기안문] 사례 1

등록번호	행정능률과-624
등록일자	2015. 7. 29
결재일자	2015. 7. 29
공개구분	공개

행정주사	행정사무관	행정능률과장	행정관리국장
김은이	**김준희**	**이영환**	전결 7/29 **김호영**
협조자			

2015년도 기관별 목표관리제시행계획서 검토보고

2015. 7.

안전행정부

행정관리국

[간이기안문] 사례 2

등록번호	행정능률과-844
등록일자	2015. 8. 30
결재일자	2015. 8. 30
공개구분	공개

행정주사	행정사무관	행정능률과장	행정관리국장
전인철	**휴가**	**이영환**	전결 8/30 **김호영**
협조자			

정부지식관리 용역연구사업비

전용검토

2015. 8.

안전행정부

행정능률과

2) 전자문서의 일괄기안

(1) 의 의

일괄기안이라 함은 서로 관련성이 있는 2개 이상의 안건을 동시에 일괄하여 기안하는 것을 말한다. 일괄기안은 전자문서에 한한다.

(2) 작성 및 시행방법

① 작성방법

㉠ 일괄기안은 각각의 기안문에 작성한다. 이 경우 각각의 기안문에는 두문, 본문 및 결문(두문, 본문, 결문 및 붙임)에 들어갈 각각의 구성요소가 모두 포함되어야 한다.

㉡ 각각의 기안문에는 제1안 · 제2안 · 제3안 · 제4안 등의 용어를 쓰지 않는다.

㉢ 전자문서 시스템에서 일괄기안은 한 번의 지정(확인)으로 각각의 기안문에 기안자 · 검토자 · 협조자 · 결재권자의 정보가 동시에 생성되도록 하여야 한다.

② 제목은 각 안의 내용 및 성격에 따라 다르게 설정이 가능하다.

③ 특별한 사유가 있는 경우를 제외하고는 각각 다른 생산등록번호를 사용하여 같은 일시에 시행하여야 한다.

④ 외부에 발송할 것을 전제로 하는 기안문(제2안)이 제1안 내부결재의 내용과 동일한 경우에는 내부결재 안건의 별도작성을 생략한다.

⑤ 기존의 일괄기안의 방식으로는 발신명의가 같은 경우에는 맨 마지막 안에만 발신명의를 표시할 수 있었으나, 앞으로는 각각의 기안문에 반드시 모두 표시해야 한다. 발신명의가 같더라도 각각의 기안문에 모두 표시하여야 한다. 왜냐하면, 기안문

과 시행문이 하나의 서식으로 통합됨에 따라 발신명의를 생략하게 되면, 발신명의 없이 그대로 시행되어 형식상 흠이 있어 공문서의 효력문제가 발생하기 때문이다.

〈일괄기안의 예시〉

[제1안] ⇐ 실제는 표시하지 않음

안전행정부

수신자 내부결재
(경유)
제목 사무관리규정 개정내용 설명회 개최

금번 사무관리규정 및 동 시행규칙의 전면개정에 따라 각급 행정기관의 교육수요에 대비하고 개정내용을 학계 등에 전파하기 위하여 (사)○○협회 소속 사무관리 또는 행정학 교수대상으로 붙임과 같이 설명회를 개최하고자 합니다.

붙임 사무관리규정 개정내용 설명회 개최계획 1부. 끝.

행정주사 **허남식** 행정능률과장 **이영환** 행정관리국장 전결 09/08 **김호영**
협조자
시행 행정능률과-902 (2016. 09. 08.) 접수
우 110-760 서울특별시 종로구 세종로 55(세종로1가77-6)(11층 1115호)/www.mogaha.go.kr
전화 (02)3703-4682 전화 (02)3703-5532 / hernam59@mogaha.go.kr / 공개

[제2안] ⇐ 실제로 표시하지 않음

안전행정부

수신자　수신자 참조
(경유)
제목　사무관리(기록물관리) 법령 개정내용 설명회 개최 통보

1. 금번 사무관리(기록물관리) 법령의 전면 개정에 따라 각급 행정기관의 교육수요에 대비하기 위하여 (사)○○협회 소속 사무관리 또는 행정학 교수대상으로 개정내용에 대한 설명회를 붙임과 같이 개최하오니,

2. 동 설명회에 관련 업무(기록관리 또는 전자문서 시스템 활용방법)에 대해 설명할 공무원을 선정하여 설명준비 및 참석에 차질이 없도록 준비하여 주시기 바랍니다.

붙임 사무관리(기록물관리) 개정내용 설명회 개최계획 1부. 끝.

안전행정부장관

수신자　정부기록보존소장(행정과장), 정부전산정보관리소장(정보유통과장)
행정주사　**허남식**　　행정능률과장　전결 09/08 **이영환**
협조자
시행　행정능률과-903 (2017. 09. 08.)　접수
우 110-760 서울특별시 종로구 세종로 55(세종로1가77-6) (11층 1115호) /www.mogaha.go.kr
전화 (02)3703-4682　전송 (02)3703-5532 / hernam59@mogaha.go.kr / 공개

[제3안] ⇐ 실제로 표시하지 않음

안전행정부

수신자 (사)○○협회장
(경유)
제목 사무관리규정 개정내용 설명회 개최계획 통보

---

1. 금번 사무관리규정의 전면 개정에 따라 개정내용에 대한 설명회를 갖고자 붙임과 같이 개최 계획을 통보하오니,

2. (사)○○협회 소속 사무관리 또는 행정학 교수들이 설명회에 많이 참석하도록 협조하여 주시기 바랍니다.

붙임 사무관리(기록물관리) 개정내용 설명회 개최계획 1부. 끝.

안전행정부장관

행정주사 **허남식** 행정능률과장 전결 09/08 **이영환**
협조자
시행 행정능률과-904 (2014. 09. 08.) 접수
우 110-760 서울특별시 종로구 세종로 55(세종로1가 77-6)(11층 1115호)/www.mogaha.go.kr
전화 (02)3703-4682 전송 (02)3703-5532 / hernam59@mogaha.go.kr / 공개

[제4안] ⇐ 실제로 표시하지 않음

안전행정부

수신자 수신자 참조
(경유)
제목 회의장소 사용 및 통신장비 설치협조

사무관리 개정내용에 대한 설명회를 다음과 같이 개최하오니 회의장소 사용 및 통신장비 설치 등을 요청하오니 협조하여 주시기 바랍니다.

1. 정부청사관리소 소관
   가. 2016. 9. 19.(금) 11:00-18:00 정부중앙청사회의실(8층 810호) 사용
   나. 회의참석자 책상 및 의자 : 35명
   다. 배석자 의자 : 5명 ※ 회의장 배치도 추후통보 예정
2. 정부전산정보관리소 소관
   가. 파워포인트 강의가 되도록 준비 : 빔 프로젝트, 스크린, 랜 포트 등
   나. 음성이 나오도록 PC에 부착할 수 있는 소형 스피커
   다. 마이크시설 등.

붙임 사무관리(기록물관리) 개정내용 설명회 개최계획 1부. 끝.

안전행정부장관

행정주사 **허남식** 행정능률과장 전결 09/08 **이영환**
협조자
시행 행정능률과-905 (2016. 09. 08.) 접수
우110-760 서울특별시 종로구 세종로 55(세종로1가 77-6)(11층 1115호)/www.mogaha.go.kr
전화 (02)3703-4682 전송 (02)3703-5532/hernam59@mogaha.go.kr/공개

3) 공동기안

(1) 의 의

공동기안이라 함은 2 이상의 행정기관의 결재를 받아 공동의 명의로 시행하는 문서를 말한다.

(2) 작성 및 시행방법

① 공동기안 문서의 처리를 주관하는 기관에서 기안하여 먼저 당해 기관의 장의 결재를 받은 후 관계 행정기관의 장의 결재를 받는다.

② 관계기관의 장의 결재를 받는 형식

㉠ 관계기관이 1개 기관인 경우에는 결재란을 나누어 주관기관의 자체 결재절차를 마친 다음 관계기관의 장의 결재를 받는다.

〈예시〉 안전행정부와 외교통상부가 공동기안 하는 경우의 결재

① 일반기안문 및 전자기안문의 경우 표시방법 : 상하 또는 좌우로 구분(선과 박스가 없음)

안전행정부장관 9/3 김행정

외교통상부장관 9/4 박외교

또는

안전행정부장관 9/3 김행정 외교통상부장관 9/4 박외교

② 간이기안문의 경우 표시방법 : 좌우로 구분

안전행정부장관	외교통상부장관
김 행 정 9/3	박 외 교 9/4

※ 주관 : 안전행정부인 경우임.

㉡ 관계기관이 3 이상인 경우 별지에 기안용지의 결재란에 준하여 필요한 수만큼 결재란을 만들어 첨부하여 결재를 받는다.

예

안전행정부장관	김 행 정 9/3
교 육 부	박 교 육 9/4
○ ○청장	○ ○ ○ 9/4
○ ○청장	○ ○ ○ 9/5

또는

안전행정부장관	교 육 부	○○청장	○○청장
김 행 정 9/3	박 교 육 9/4	○○○ 9/4	○○○ 9/5

(3) 공동기안문의 발신명의 표시

① 당해 문서의 처리를 주관하는 행정기관의 장의 명의를 맨 위에 표시한다.

② 관계행정기관의 장의 명의를 그 밑에 표시하되, 관계행정기관의 장이 동일 직위일 때에는 부 · 처 · 청의 순위에 따라 표시하고, 관계행정기관의 장이 동일 직위가 아닌 때에는 상위직위의 행정기관의 장의 명의부터 표시하여 공동명의로 시행한다.

예 안 전 행 정 부 장 관(관인)

교 육 부

○ ○ 청 장

○ ○ 청 장

(4) 문서처리절차

공동기안문서는 당해 문서의 처리를 주관하는 행정기관의 기록물등록대장에 등록하고 그 등록번호를 부여하는 등 주관기관의 문서처리절차에 따른다.

4) 수정기안

(1) 의 의

수정기안은 수신한 문서 그 자체에 간단한 수정을 하거나 필요한 사항을 추가하여 기안에 갈음하는 기안방법이다.

(2) 작성 및 시행방법

① 수신한 문서의 내용을 알아 볼 수 있도록 수정하는 글자의 중앙에 가로로 선을 긋고, 그 위의 여백에 수신한 문서와 다른 색깔의 글자로 수정 또는 기입한다. 이 경우 수신한 문서관인에도 중앙에 가로로 선을 긋는다.

② 공람을 받을 필요가 없는 문서를 수정 기안하는 경우에는 접수문서에 수정 기안하는 사항을 사전에 모두 수정 또는 기입한 후에 기안자 · 검토자 · 협조자 및 결재권자의 직위(직급) 및 서명란을 수정하여 그 위의 여백에 결재를 받거나 적당한 여백에 간이 결재인을 찍어 결재를 받고, 문서를 시행할 때에는 수정기안문을 복사한 후 관인을 날인하여 시행한다.

③ 공람을 받은 문서를 수정 기안하여 시행하고자 하는 때에도 위의 동일한 절차를 받는다.

(3) 수정기안의 활용

2004. 1. 1.부터는 기안문과 시행문이 하나의 서식으로 통합되어 시행하는 때에 변환 없이 기안문을 복사하여 관인을 찍어 그대로 시행되므로, 접수된 시행문을 수정 기안하는 경우 발신한 행정기관의 결재정보 및 관인정보와 수신한 행정기관의 공람정보, 결재정보 및 관인정보 등이 혼합되어 공문서를 해독하는 데 혼동을 줄 우려가 있으므로, 가능한 한 수신한 시행문 자체를 수정 기안하는 것보다 별도로 기안문을 작성하여 시행하는 것이 좋다고 본다.

5) 서식에 의한 처리

생산등록번호란 · 접수등록번호란 · 수신자란 등이 설계된 서식으로 작성한 문서는 별도의 기안문을 작성하지 아니하고 별표 4(간이결재인)의 표시를 하여 결재함으로써 기안에 갈음할 수 있다. 결재란의 수는 기관에 따라 적정하게 조정하여 사용한다. 그리고 위 칸에는 기안자 · 검토자 또는 결재권자의 직위 또는 직급을 표시하고, 아래 칸에는 서명을 한다.

〈간이결재인(사무관리규정 시행규칙 별표 4)〉

2-5 결 재

1. 결재의 의의

결재란 넓은 의미로 당해 사안에 대한 행정기관의 의사를 결정할 권한이 있는 자가 그 의사를 결정하는 행위를 말한다.

2. 결재의 종류

결재의 종류에는 좁은 의미로 결재, 전결, 대결이 있다. 1984. 11. 23. 전까지는 결재의 종류로 후결이 있었다. 그 당시 후결도 문서의 성립 또는 효력에 영향을 주는 결재행위의 하나였으나, 선(先) 행정행위(대결)와 후(後) 행정행위(후결) 사이에 법적 안정성을 해친다는 문제점이 발생하여 1984. 11. 23.에 후결제도를 폐지하고 후열로 명칭을 변경하였다. 그 후 1991. 9. 1.에는 이러한 후열제도도 폐지하고 사후보고로 명칭을 변경하였다. 따라서 현행 사무관리규정상 후결과 후열제도는 없다.

① 결재(좁은 의미)는 법령의 규정에 의하여 소관사항에 대한 행정기관의 의사를 결정할 권한을 가진 자(주로 행정기관의 장)가 직접 그 의사를 결정하는 행위를 말한다.

② 전결이라 함은 행정기관의 장으로부터 사무의 내용에 따라 결재권을 위임받은 자가 행하는 결재를 말하며, 그 위임전결사항은 당해 기관의 장이 훈령(위임전결규정) 또는 지방자치단체의 규칙(사무전결처리규칙)으로 정한다.

③ 대결이라 함은 결재권자가 휴가·출장 기타의 사유로 결재권

자의 사정에 의하여 결재할 수 없는 때에 그 직무를 대리하는 자가 행하는 결재를 말한다.

3. 결재의 효과

문서는 다른 법령에 특별한 규정이 있는 경우를 제외하고는 당해 문서에 대한 결재권자의 서명(전자문자서명 · 전자이미지서명 또는 행정전자서명을 포함)에 의한 결재가 있음으로써 성립한다(사무관리규정 제8조제1항). 따라서 결재는 문서가 성립하기 위한 최종적이며 절대적인 요건이다.

4. 결재의 표시

결재권자(행정기관의 장)가 결재하는 경우에 결재의 표시방법은 다음과 같이 행정기관의 장의 직위를 간략히 표시하고 서명한다.

〈예시〉 장관이 결재하는 경우 결재의 표시방법

① 결재일자를 표시하지 아니한 경우
조직정책과장 **박영생** 행정관리국장 **신천국** 차관 **이구원** 장관 **김자비**
협조자 행정능률과장 **강찬미** 인사국장 **박생명** 기획관리실장 **조행복**

② 결재일자를 표시한 경우
조직정책과장 **박영생** 행정관리국장 **신천국** 차관 **이구원** 장관 9/15 **김자비**
협조자 행정능률과장 **강찬미** 인사국장 **박생명** 기획관리실장 **조행복**

5. 전결 및 대결의 표시

1) 전결의 표시

(1) 전결 및 서명 표시방법

사무관리규정 제16조제2항 및 동 규정 시행규칙 제19조제1항의 규정에 의하여 결재권이 위임된 사항을 전결하는 때에는 행정기관의 장의 결재란을 설치하지 아니하고 전결하는 자의 서명란에 "전결" 표시를 한 후 서명한다.

(2) **전결문서의 결재일자 표시위치**

이 경우 전결권자가 결재일자를 기재하지 않고 서명란에 전결하는 때에는 "전결" 표시 다음에 바로 이어서 서명하고, 결재일자를 기재하고자 하는 경우에는 서명란 중 상단에 "전결" 표시 후 결재일자(연도는 생략하고 월/일만)를 기재하고, 하단에 서명한다.

〈예시〉

(1) 국장이 전결하는 경우의 표시(결재일자를 표시하지 않는 경우)
행정사무관 **김철수** 행정능률과장 **박문서** 행정관리국장 **전결** 홍길동
협조자 행정제도과장 **백두산**
(2) 국장이 전결하는 경우의 표시(결재일자를 표시한 경우)
행정사무관 **김철수** 행정능률과장 **박문서** 행정관리국장 **전결 9/22 홍길동**
협조자 행정제도과장 **백두산**
(3) 기안자가 전결하는 경우의 표시(결재일자를 표시하지 않는 경우)
행정주사 **전결** 홍길동
협조자
(4) 기안자가 전결하는 경우의 표시(결재일자를 표시한 경우)
행정주사 **전결 9/22 홍길동**
협조자

(3) **전결문서시행 시 표시방법**

전결한 문서를 시행하는 때에는 전결권자의 직위 또는 직급 및 서명이 표시된 기안문을 그대로 복사한 후 관인을 날인하여 시행한다. 전자문서는 "전결" 표시한 그대로 전자문서 시스템에서 전자이미지관인을 날인하여 시행한다.

〈예시〉

(1) 국장이 전결하는 경우의 표시
① 결재일자를 표시하지 않는 경우
행정사무관 **김철수** 행정능률과장 **박문서** 행정관리국장 **전결** 홍길동
협조자 행정제도과장 **강만수**
② 결재일자를 표시한 경우
행정사무관 **김철수** 행정능률과장 **박문서** 행정관리국장 **전결 9/22** 홍길동
협조자 행정제도과장 강만수
(2) 기안자가 전결하는 경우의 표시
① 결재일자를 표시하지 않는 경우
행정주사 **전결** 홍길동
협조자
② 결재일자를 표시한 경우
행정주사 **전결 9/22 홍길동**
협조자

(4) 행정기관 외의 자에게 문서시행 시 전결의 표시

행정기관 외의 자(민원인, 법인, 단체, 헌법기관, 사법기관 등)에게 시행하는 문서와 서식에 의하여 처리하여 시행하는 문서에는 2003. 12. 31.까지는 전결의 표시를 생략하였으나, 2004. 1. 1.부터는 전결의 표시를 하여 시행한다. 이렇게 전결표시를 하도록 한 이유는 실제로 결재를 한 자가 누구인지를 알도록 하여 행정의 책임성과 투명성을 높여 정책실명제를 강화하기 위함이다. 표시예시는 위와 동일하다.

2) 대결의 표시

(1) 대결 및 서명 표시방법

사무관리규정 제16조제3항 및 동 규정 시행규칙 제19조제2항의 규정에 의하여 위임전결사항을 대결하는 때에는 행정기관의 장의

결재란을 설치하지 아니하고 전결하는 자의 서명란에 “전결” 표시를 한 후 대결하는 자의 서명란에 “대결” 표시를 하고 서명하며, 위임전결사항이 아닌 사항을 대결한 경우에는 행정기관의 장의 결재란을 설치하지 아니하고 대결하는 자의 서명란에 “대결” 표시를 하고 서명한다.

(2) 대결문서의 결재일자 표시방법

이 경우 대결권자가 결재일자를 기재하지 않고 대결하는 때에는 “대결” 표시 다음에 바로 이어서 서명하고, 결재일자를 기재하고자 하는 경우에는 서명란 중 상단에 “대결” 표시 후 결재일자(연도는 생략하고 월/일만)를 기재하고, 하단에 서명한다.

〈예시〉

(1) 기관장 부재중 직근 하급자가 대결하는 경우의 표시

① 결재일자를 표시하지 않는 경우

행정사무관 **허서식** 조직정책과장 **박문서** 행정관리국장 **홍길동**
차관 **대결 명왕성** 협조자 조직관리과장 **김천석**

② 결재일자를 표시한 경우

행정사무관 **허서식** 조직정책과장 **박문서** 행정관리국장 **홍길동**
차관 **대결 9/22 명왕성** 협조자 조직관리과장 **김천석**

(2) 전결사항을 결재할 자(전결권자)가 부재중인 경우의 표시

① 국장 부재중 국장 전결사항을 직무대리자인 과장이 대결한 경우

㉠ 결재일자를 표시하지 아니한 경우

행정사무관 **허서식** 행정능률과장 **대결 정보수** 행정관리국장 **전결**
협조자 행정제도과장 **강만수**

㉡ 결재일자를 표시한 경우

행정사무관 **허서식** 행정능률과장 **대결 9/22 정보수** 행정관리국장 **전결**
협조자 행정제도과장 **강만수**

② 차관 전결사항을 직무대리자인 국장이 대결하는 경우

㉠ 결재일자를 표시하지 아니한 경우

행정사무관 **허서식** 행정능률과장 **박문서** 행정관리국장 **대결 정보수**
차관 **전결** 협조자 행정제도과장 **이천국**

ⓛ 결재일자를 표시한 경우
행정사무관 **허서식** 행정능률과장 **박문서** 행정관리국장 **대결 9/22 정보수**
차관 **전결** 협조자 행정제도과장 **이천국**

③ 과장 전결사항인 문서를 그 직무를 대리하는 자(보조기관 또는 보좌기관이 아닌 자)가 대결하는 경우
㉠ 결재일자를 표시하지 아니한 경우
행정주사 **김철수** 행정사무관 **대결 허서식** 행정능률과장 **전결**
협조자
ⓛ 결재일자를 표시한 경우
행정주사 **김철수** 행정사무관 **대결 9/22 허서식** 행정능률과장 **전결**
협조자

④ 총괄책임자(보조기관 또는 보좌기관이 아닌 자) 전결사항인 문서를 그 직무를 대리하는 자(보조기관 또는 보좌기관이 아닌 자)가 대결하는 경우
㉠ 결재일자를 표시하지 아니한 경우
행정주사 **대결 허서식** 행정사무관 **전결**
협조자
ⓛ 결재일자를 표시한 경우
행정주사 **대결 9/22 허서식** 행정사무관 **전결**
협조자

(3) 대결문서 시행 시 대결의 표시

대결한 문서를 시행하는 때에는 대결권자의 직위 또는 직급 및 서명이 표시된 기안문을 그대로 복사한 후 관인을 날인하여 시행한다. 전자문서는 대결 표시한 그대로 전자문서 시스템에서 전자이미지관인을 날인하여 시행한다.

〈예시〉

(1) 차장 전결사항을 직무대리자인 국장이 대결하는 경우의 표시
① 결재일자를 표시하지 아니한 경우
행정사무관 **김철수** 행정능률과장 **박문서** 행정관리국장 **대결 홍길동**
차관 **전결** 협조자 행정제도과장 **강만수**

② 결재일자를 표시한 경우

행정사무관 **김철수** 행정능률과장 **박문서** 행정관리국장 **대결 9/22 홍길동**

차관 **전결** 협조자 행정제도과장 **강만수**

(2) 총괄책임자 전결사항을 담당자가 전결하는 경우의 표시

① 결재일자를 표시하지 않는 경우

행정주사 **대결 홍길동** 행정사무관 **전결**

협조자

② 결재일자를 표시한 경우

행정주사 **대결 9/15 홍길동** 행정사무관 **전결**

협조자

(4) 행정기관 외의 자에게 문서시행 시

행정기관 외의 자에게 문서시행 시 대결의 표시는 전결의 표시방법과 동일하다.

참고로 "직무대리(법정대리, 지정대리)", "권한대행" 등은 대리행위이므로 이들이 결재하는 문서는 "대결"로 표시한다. 직무대리 또는 권한대행에 있어 여러 가지 표시행위 중 문서에는 "대결"로 표시하여 대리행위를 하였다는 표시로 한 것이다.

6. 대결문서의 사후 보고

대결한 문서 중 그 내용이 중요한 문서에 대하여는 결재권자에게 사후에 보고(구두보고, 메모보고 등)하여야 하며, 이 경우 원 결재권자가 보고를 받았다는 뜻으로 서명을 할 필요가 없다. 앞에서 설명하였듯이 후결이나 후열제도는 폐지되었으므로, 후결 또는 후열을 받아서는 되지 않는다.

핵심포인트

- ✔ 기안자, 검토자 및 결재권자의 용어는 생략하고, 기안자, 검토자 및 결재권자의 순서대로 직위(직급)를 온전하게 쓰고, 서명하도록 변경되었으며, 협조자란에는 협조자란 용어를 쓴 후 이어서 협조자의 직위(직급)을 쓰고 서명한다.
- ✔ 기안문과 시행문에 기안자, 검토자 및 결재권자의 직위(직급)을 온전하게 표시하고 서명을 그대로 표시하도록 한 것은 정책결정(의사결정)이 어떻게 이루어지고, 관련자가 누구인지를 알도록 하여 행정의 책임성과 투명성을 제고하여 정책실명제의 실현을 위한 것이다. 다만, 기관장과 부기관장의 직위는 간략히 쓴다.
- ✔ 위임된 사항을 전결하는 경우에는 행정기관의 장의 결재란을 설치하지 아니하고 전결하는 자의 서명란에 "전결" 표시를 하고 서명한다.
- ✔ 결재권이 위임된 사항을 대결하는 경우에는 행정기관의 장의 결재란을 설치하지 아니하고 전결하는 자의 서명란에 "전결" 표시를 하고, 대결하는 자의 서명란에 "대결" 표시를 하고 서명한다.
- ✔ 위임전결사항이 아닌 사항을 대결한 경우에는 행정기관의 장의 결재란을 설치하지 아니하고, 대결하는 자의 서명란에 "대결" 표시를 하고 서명한다.
- ✔ 행정기관 외의 자에게 시행하는 문서, 사무관리규정 제14조제2항 단서의 규정에 의하여 관계서식에 기입하여 처리하거나 사무관리규정 시행규칙 제16조의 규정에 의하여 서식으로 작성하는 문서를 시행하는 경우에도 전결 또는 대결의 표시방법은 위의 표시방법과 동일하다.

7. 결재문서의 간인

1) 간인의 의의

간인은 2장 이상으로 이루어지는 중요 문서의 앞장의 뒷면과 뒷장의 앞면에 걸쳐 찍는 도장 또는 그 행위를 말한다.

2) 간인 대상문서

① 전후관계를 명백히 할 필요가 있는 문서

② 사실 또는 법률관계의 증명에 관계되는 문서

③ 허가, 인가, 등록 등에 관계되는 문서
④ 기타 결재권자가 중요하다고 인정하는 문서

3) 간인의 방법

① 기안문 : 먼저 기안문을 복사한 다음에 원 기안문에 관인관리자가 관인으로 간인한다.
② 시행문 : 기안문을 복사한 복사물(시행문)에 관인관리자가 관인으로 간인한다. 이때 기안문을 복사하지 않고 원 기안문을 복사한 후에 간인하게 되면 관인의 색깔이 검정색으로 나오므로 주의를 요한다.
③ 민원서류 발급 : 간인에 갈음하여 천공방식으로 할 수 있다.
④ 전자문서 : 안전행정부령(사무관리규정 시행규칙)이 정하는 면표시 또는 발급번호 기재 등의 방법으로 할 수 있다.
　㉠ 면표시 : 제증명 발급문서를 제외한 문서는 사무관리규정 시행규칙 제7조의 규정을 준용한다.
　㉡ 발급번호 기재 : 제증명 발급문서는 왼쪽 기본선 아래에서 시작하여 기재하되, 단말번호-출력년월일/시 · 분 · 초-발급일련번호-쪽번호로 표시한다.

2-6 문서의 등록

1. 문서등록요령

① 행정기관이 생산(접수)한 문서는 당해 문서에 대한 결재(접수)가 끝난 즉시 결재(접수) 일자순에 따라 반드시 각 처리과별로 전산으로 기록물등록대장(공공기관의 기록물관리에 관한 법률 시행규칙 별지 제1호 서식)에 등록하여 관리한다.

종래에는 공문서의 작성 및 접수 시, 문서등록대장 또는 문서접수대장에 등록하였으나, 2004년1월 이후부터는 기록물등록대장에 통합하여 전산으로 등록 관리하고 있다. 전자문서 시스템은 처리과-자료관-보존소까지 전산망으로 연계하여 등록된 기록물을 행정 참고 또는 각종 기록정보로 검색 · 열람할 수 있도록 설계되었다. 그리고 처리과의 계(부서)가 층을 달리하여 산재되어 있는 경우 기록물등록대장을 따로 가질 수 있도록 하였다. 다만, 등록번호는 단위를 달리하되 연말에는 통합하여 관리한다.

기록물등록대장

(처리과 기관코드: 연도:)

구분 등록	생산 (접수) 등록일자	생산 (접수) 등록일자	첨부 번호	제목	쪽수	결재권자	기안자 (업무 담당자)	시행* 일자	수신자* (발신자)	문서과 배분 번호
①	②	③	④	⑤	⑥	⑦	⑧	⑨	⑩	⑪

생산기관 등록번호	전자 기록물 여부	분류번호	특수 기록물*	공개 여부	공개제한 부분표시*	특수 목록*	내용요약	기록물 형태*
⑫	⑬	⑭	⑮	⑯	⑰	⑱	⑲	⑳

※ 비고 : *표시는 동일 건에 대하여 2건 이상 복수등록이 가능한 항목임.

② 처리과별로 기록물대장등록에 생산문서 · 접수문서를 통합하여 등록번호를 부여 관리한다. 등록번호는 처리과 기관코드와 연도별 등록일련번호로 구성한다.

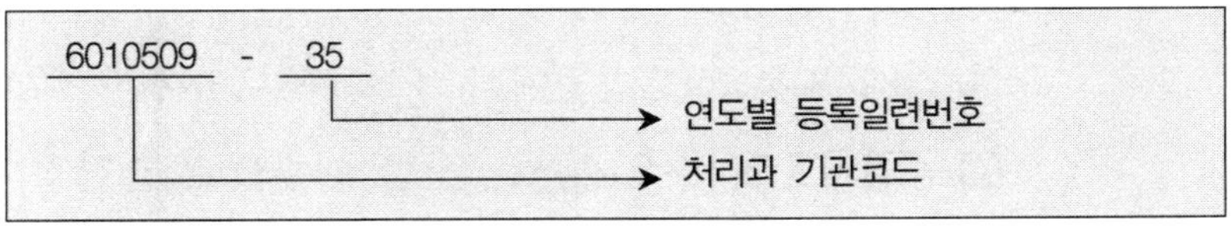

③ 문서등록 표시가 없는 결재(접수)문서는 문서의 표지 왼쪽 상단에 문서등록의 표시(공공기관의 기록물관리에 관한 법률 시행규칙 별표 1)를 한 후 기록물등록대장에 등록한다.

㉠ 생산등록번호

문서 · 카드류 · 도면류 등 보통규격 이상의 기록물

등록번호	
등록일자	
처 리 과	

사진 · 필름 · 테이프 · 디스켓 등 소형규격의 기록물

등록	(접수번호)
	(등록일자)

㉡ 접수등록번호

문서 · 카드류 · 도면류 등
보통규격 이상의 기록물

등록번호	
등록일자	
처 리 과	

사진 · 필름 · 테이프 · 디스켓 등
소형규격의 기록물

등록	(접수번호)
	(등록일자)

2. 등록대상문서

① 공문서, 조사 · 연구 · 검토서, 회의록, 시청각물

㉠ 당해 부서에서 기안하여 결재를 받은 모든 문서

㉡ 기안문형식 외의 방법으로 작성하여 결재권자의 결재를 받은 문서

㉢ 접수한 모든 문서

② 대통령, 국무총리 · 중앙행정기관의 장 등 주요 직위자의 업무노트, 일정표, 방문객 명단 등

③ 결재 또는 검토과정에서 반려 또는 수정된 주요 원본문서

④ 공공기관의 주요 행사 · 사업에 관한 시청각기록물

3. 등록시기

① 결재 또는 보고종료 시, 수정 또는 반려 시, 접수 시

② 사진, 필름 등은 보존기록물로 선정 시

③ 녹음 · 비디오 등은 편집 등 작품완성 시

4. 등록번호 표기

1) 생산문서의 생산등록번호의 표기방법

① 기안문 · 시행문 등 : 생산등록번호란 또는 문서번호란에 생산등록번호를 표기한다.

② 카드 · 도면 · 보고서류 : 좌측 상단에 공공기관의 기록물관리에 관한 법률 시행규칙 별표 1의 표시를 하여 생산등록번호를 표기한다.

③ 사진 또는 필름류 : 사진 뒷면이나 당해 사진 · 필름 등을 넣은 봉투 또는 당해 사진 · 필름 등을 부착한 종이의 좌측 상단의 여백에 공공기관의 기록물관리에 관한 법률 시행규칙 별표 1의 표시를 하여 생산등록번호를 표기한다.

④ 테이프 · 디스크 · 디스켓류 : 당해 기록물과 그 보존용기에 공공기관의 기록물관리에 관한 법률 시행규칙 별표 1의 표시를 하여 생산등록번호를 표기한다.

⑤ 기타 기록물의 재질 또는 규격상 기록물 자체에 생산등록번호를 표기하기 곤란한 기록물 : 당해 기록물을 넣은 봉투 또는 보존용기에 공공기관의 기록물관리에 관한 법률 시행규칙 별표 1의 표시를 하여 생산등록번호를 표기한다.

2) 접수문서의 접수등록번호의 표기방법

시행문 서식 또는 접수인에 의하여 접수된 기록물은 접수번호란에 생산등록번호를 표기한다. 그리고 시행문 서식 또는 접수인에 의하여 접수된 기록물 외의 접수기록물은 우측 상단의 여백에 공공기관의 기록물관리에 관한 법률 시행규칙 별표 1의 표시를 하여 생산등록번호를 표기한다. 이때에 접수한 기록물은 처리과의 접수번호가 접수등록번호(처리과기관 코드+연도별 등록일련번호)이다.

5. 첨부물의 분리 등록방법

일반문서에 첨부된 녹음테이프, 큰 도면 등 기록물 종류나 규격이 달라 함께 관리가 곤란한 첨부물은 별도로 등록한다.

첨부물분리 등록 시 등록번호는 본문과 동일한 등록번호에 첨부일련번호를 추가로 부여한다. 예를 들면, 「국무회의록」 문건에 첨부된 발언록테이프는 녹음테이프만 떼어내 첨부등록하고, 「농지전용허가서」에 첨부된 지적도면은 도면만 따로 떼어내 첨부등록한다. 이를 구성요소별로 살펴보면, 처리과 기관코드+연도별 등록일련번호+첨부일련번호이다. 예를 들면, "6010509-35-1"이다.

6. 등록사항의 삭제 또는 수정방법

① 기본등록사항을 삭제하고자 하는 때에는 기록물관리책임자의 확인하에 기록물등록대장 중 당해 기록물철에 편철된 것으로 표기된 분류번호로 먼저 수정하고, 수정일자 및 조치사항을 전자적으로 관리하여야 한다.

② 기본등록사항(기록물배부대장의 경우에는 접수사항을 말한다)을 삭제 또는 수정하고자 하는 때에는 ①의 방법에 따라 당해 등록사항 전체를 삭제한 후 수정된 내용으로 등록한다.

③ 기본등록사항(기록물배부대장의 경우에는 접수사항을 말한다) 외의 등록사항을 삭제 또는 수정하고자 하는 때에는 삭제일자 또는 수정일자 및 조치사항을 전자적으로 관리하여야 하며 등록사항만을 수정된 내용으로 등록한다.

7. 등록 시 유의사항

① 새로운 전자문서 시스템에서는 기록물등록 시 사전에 분류·편철 정보를 지정하지 않으면 기록물을 생산 또는 접수 시 기록물등록대장에 등록할 수 없다. 따라서 단위업무별로 보존기간별로 기록물철을 사전에 분류·편철한 다음, 결재를 올리거나 접수된 문서를 등록할 수 있다.

생산문서 또는 접수문서에 대해 사전에 단위업무별로 보존기간별로 기록물철을 사전에 분류·편철하지 않으면 전자문서 시스템상에서 결재를 올리거나 접수를 할 수 없으므로, 이 점을 특히 유의해야 한다. 이렇게 전자문서 시스템을 설계한 이유는 기록물의 유실방지 및 기록물 보존관리의 효율화를 위한 것이다.

② 분류 및 편철은 종전의 분류기호 및 보존기간을 지정하는 것과 동일한 기능으로 전자문서 시스템에서 해당 기록물의 단위업무 및 기록물철을 지정하는 작업이다.

8. 등록순서

① 생산문서의 등록순서는 다음과 같다.

기안 ⇒ 분류 및 편철 ⇒ 검토 및 협조 ⇒ 결재 ⇒ 등록

② 접수문서의 등록순서는 다음과 같다.

접수(접수자) ⇒ 담당자 지정 ⇒ 분류 및 편철 ⇒ 공람

9. 등록 파일의 관리

한 번의 전자등록으로 기록물등록대장, 생산기록물목록, 기록물

철색인목록, 이관기록물목록, 보존기록물목록이 자동 처리된다. 아울러 기록물등록 파일은 임의로 삭제 또는 수정이 불가하며, 삭제 또는 수정 시는 본래의 내용도 남아 있게 해야 한다.

2-7 문서의 시행

1. 시행의 일반사항

1) 문서시행의 의의

문서시행이라 함은 내부적으로 성립한 행정기관의 의사를 외부로 표시하는 단계로서 문서의 효력이 발생하는 절차를 말한다.

2) 문서시행의 방법

문서시행의 방법으로는 일반적으로 문서의 발송의 방법이 있다. 여기에는 주로 인편에 의한 발송, 우편에 의한 발송, 모사전송에 의한 발송, 정보통신망에 의한 발송의 방법이 있다.

3) 문서시행의 원칙

문서시행은 전자문서로 함을 원칙으로 한다. 다만, 업무의 성격 기타 특별한 사정이 있는 경우에는 종이문서로 시행할 수 있다.

2. 시행문의 작성

2004. 1. 1.부터 기안문과 시행문이 하나의 서식으로 통합됨에

따라 별도의 시행문을 작성하지 않는다. 다만, 결재가 끝난 이후에 종이문서의 경우에는 기안문을 복사하여 관인을 찍으면 시행문이 되고, 전자문서의 경우에는 전자문서 시스템에서 전자이미지관인을 찍으면 시행문이 된다. 별도의 기안문 및 시행문을 작성하지 아니하고 서식 자체를 기안문 및 시행문으로 갈음할 수 있도록 설계된 서식도 시행문 작성방법은 동일하다. 시행문의 작성 대상문서와 제외문서는 다음과 같다.

1) 대상문서

인편 · 우편 · 모사전송 · 정보통신망 · 전자문서 시스템의 전자게시판 · 공무원의 공식 전자우편주소 · 행정기관이 홈페이지 · 관보에 의한 방법으로 발송하는 문서

2) 제외문서

전신 · 전신타자 · 전화로 발신하는 문서로서 시행문을 작성하지 아니하나 시행문 작성형식으로 발신한다.

3) 시행문의 서식

시행문의 서식(사무관리규정 시행규칙 별지 제1호의2 서식)은 일반기안문의 서식[별지 제1호의2 서식]과 동일한 서식이다.

행 정 기 관 명

수신자 ( )
(경유)
제목

발 신 명 의 ㊞

기안자(직위/직급) 서명 검토자(직위/직급) 서명 결재권자(직위/직급) 서명
협조자(직위/직급) 서명
시행 처리과명-일련번호 (시행일자) 접수 처리과명-일련번호 (접수일자)
우 주소 / 홈페이지 주소
전화 ( ) 전송 ( ) / 공무원의 공식 전자우편주소 / 공개구분

〈처리요령〉

(이 란은 서식에 포함하지 아니함)

1. 행정기관명 : 그 문서를 기안한 부서가 속한 행정기관명을 기재한다.
2. 수신자 (　　) : 수신자명 또는 수신자기호를 먼저 쓰고, 이어서 괄호 안에는 처리할 자(보조기관 또는 보좌기관을 말한다)의 직위를 쓰되, 처리할 자의 직위가 분명하지 아니한 경우에는 ○○업무담당과장 등으로 쓰며, 수신자가 많아 본문의 내용을 기재할 란이 줄어들어 본문의 내용을 첫 장에서 파악하기 곤란한 경우는 두문의 수신자란에 "수신자 참조"라고 쓰고, 결문의 발신명의 밑의 왼쪽 기본선에 맞추어 수신자란을 설치하여 수신자명 또는 수신자기호를 표시한다.
3. (경유) : 경유문서인 경우에 (경유)란에 "이 문서는 경유기관의 장은 ○○○(또는 제1차 경유기관의 장은 ○○○, 제2차 경유기관의 장은 ○○○)이고, 최종 수신기관의 장은 ○○○입니다."라고 표시하고, 경유기관의 장은 제목란에 "경유문서의 이송"이라고 표시하여 순차적으로 이송하여야 한다.
4. 제목 : 그 문서의 내용을 쉽게 알 수 있도록 간단하고, 명확하게 기재한다.
5. 발신명의 : 합의제 행정기관 또는 행정기관의 장의 명의를 기재하고, 보조기관 또는 보좌기관 상호간에 발신하는 문서는 그 보조기관 또는 보조기관의 명의를 기재한다.
6. 기안자·검토자·협조자·결재권자의 직위/직급 : 직위가 있는 경우에는 직위를 온전하게 쓰고, 직위가 없는 경우에는 직급을 온전하게 쓴다. 다만, 기관장과 부기관장의 직위는 간략하게 쓴다.
7. 시행 처리과명-일련번호 (시행일자)　접수 처리과명-일련번호 (접수일자) : 처리과명(처리과가 없는 행정기관은 10자 이내의 행정기관명의 약칭)을 기재하고, 일련번호는 연도별 일련번호를 기재하며, 시행일자와 접수일자란에는 연월일을 각각 온점(.)을 찍어 숫자로 기재한다. 다만, 민원문서인 경우로서 필요한 경우에는 시행일자와 접수일자란에 시·분까지 기재한다.
8. 우 주소 : 우편번호를 기재한 다음, 행정기관이 위치한 도로명 및 건물번호 다음에 괄호하여 주소를 기재하고, 사무실이 위치한 층수와 호수를 괄호안에 기재한다.
   예 우110-034 서울특별시 종로구 효자로 39(창성동 117) (2층 208호)
9. 홈페이지 주소 : 행정기관의 홈페이지 주소를 기재한다. 예 www.mogaha.go.kr
10. 전화 (　) 전송 (　) : 전화번호와 모사전송번호를 각각 기재하되, (　) 안에는 지역번호를 기재한다. 기관 내부문서의 경우는 구내 전화번호를 기재한다.
11. 공무원의 공식 전자우편주소 : 행정기관에서 공무원에게 부여한 전자우편주소를 기재한다.
12. 공개구분 : 공개·부분공개·비공개로 구분하여 표시한다. 부분공개·비공개인 경우에는 공공기관의 기록물관리에 관한 법률 시행규칙 제16조의 규정(별표 11)에 의한 공개여부 구분번호를 선택하여 (　) 안에 표시한다.
13. 관인생략 등 표시 : 발신명의의 오른쪽에 관인생략 또는 서명생략을 표시한다.

※ 기안자·검토자 및 결재권자 (직위/직급) 서명 : "기안자·검토자 및 결재권자"의 용어는 협조하지 아니하고, 기안자·검토자 및 결재권자의 직위/직급을 쓰고 서명한다.

※ 협조자(직위/직급) 서명 : "협조자"의 용어를 표시한 다음, 이어서 직위/직급을 쓰고 서명한다.

※ 전결 및 서명표시 위치 : 사무관리규정 제16조제2항 및 동 규정 시행규칙 제19조제1항의 규정에 의하여 결재권이 위임된 사항을 전결하는 경우에는 행정기관의 장의 결재란을 설치하지 아니하고 전결하는 자의 서명란에 "전결" 표시를 한 후 서명한다.

※ 전결·대결 및 서명표시 위치 : 사무관리규정 제16조제3항 및 동 규정 시행규칙 제19조제2항의 규정에 의하여 위임전결사항을 대결하는 경우에는 행정기관의 장의 결재란을 설치하지 아니하고 전결하는 자의 서명란에 "전결" 표시를 한 후 대결하는 자의 서명란에 "대결" 표시를 하고 서명하며, 위임 전결사항이 아닌 사항을 대결한 경우에는 행정기관의 장의 결재란을 설치하지 아니하고 대결하는 자의 서명란에 "대결" 표시를 하고 서명한다.

※ 발의자(★)·보고자(◉)의 표시는 직위 또는 직급 앞 또는 위에 한다.

※ "수신자"는 "받는 자"로 사용할 수 있다.

4) 수신자가 행정기관이 아닌 경우와 기타 특별한 사유가 있는 때에는 문서접수란을 설치하지 아니할 수 있다.

5) 사무관리규정 제73조제2항, 동 시행규칙 제16조 및 제23조제3항의 규정에 의한 문서(기안문 및 시행문 서식이 아닌 서식으로 작성한 문서)를 시행하는 때에는 시행문을 따로 작성하지 아니하고 당해 문서의 발신명의란에 관인(전자이미지관인 포함)을 찍거나 행정기관의 장이 서명(전자문자서명 및 행정전자서명 제외)하여 시행할 수 있다.

3. 관인날인 및 인영인쇄 사용

① 행정기관의 장의 명의로 발신하는 문서의 시행문, 게시판 등에 고시 또는 공고하는 문서, 임용장·상장 및 각종 증명서에 속하는 문서에는 관인(전자이미지관인 포함)을 찍거나 행정기관의 장이 서명(전자문자서명 및 행정전자서명 제외)한다.
그러므로 행정기관의 장이 직접 결재한 문서는 관인날인 대신 행정기관의 장이 시행문과 상장 등에 직접 서명하여 시행·교부할 수 있다.

② 보조기관 또는 보좌기관의 명의로 발신하는 문서의 시행문에는 발신명의 표시의 마지막 글자 위에 보조기관 또는 보좌기관이 서명(전자문자서명·전자이미지서명 및 행정전자서명 제외)하여 시행하되, 필요한 경우에는 소속 공무원으로 하여금 발신명의자의 서명표시인을 찍어 시행하게 할 수 있다. 다만, 전자문서는 서명표시인을 사용하지 않고 전자이미지서명이 자

동적으로 생성되도록 하여 시행하여야 한다.

③ 전신 · 전신타자 또는 전화로 발신하는 문서나 관보 · 신문 등에 게재하는 문서에는 관인 또는 서명생략을 한다.

④ 관인생략 또는 서명생략의 표시위치는 발신명의의 오른쪽이며, 관인생략 또는 서명생략의 결정은 기안자가 한다.

⑤ 경미한 내용의 문서로서 일일명령 등 단순 업무처리에 관한 지시문서와 행정기관 또는 행정기관 내 보조(보좌)기관 간의 단순한 자료요구 · 업무연락 · 통보 등을 위한 문서의 경우에는 다음의 요령에 따라 관인날인 또는 서명을 생략할 수 있다.

〈예시〉

(1) 관인날인 생략의 표시〉 → 대외문서에 한한다.

① 사무관리규정 시행규칙 별표 9의 관인생략 표시인

관 인 생 략

② 표시위치 : 기안문 및 시행문의 발신명의의 오른쪽

③ 관인날인 생략의 결정 : 기안자

(2) 서명날인 생략의 표시〉 → 대내문서에 한한다.

① 사무관리규정 시행규칙 별표 9의 서명생략 표시인

관 인 생 략

② 표시위치 : 기안문 및 시행문의 발신명의의 오른쪽

③ 서명생략의 결정 : 기안문

⑥ 관인인영의 인쇄사용 〈제4장(관인관리) 참조〉

㉠ 관인을 찍어야 할 문서로서 다수의 수신자에게 동시에 발신 또는 교부하는 문서는 관인날인에 갈음하여 관인의 인영을 그 문서에 인쇄하여 사용할 수 있다.

㉡ 관인의 인영을 인쇄하여 사용하고자 할 때에는 처리과의 장

은 당해 기관의 장의 승인을 얻기 전에 당해 관인을 관리하는 부서의 장과 협의하여야 한다.

㉢ 관인의 인영을 인쇄하여 사용하는 경우 문서의 크기나 용도에 따라 인영의 크기를 적절하게 축소 인쇄하여 사용할 수 있다.

4. 문서의 발송

1) 발신원칙

① 문서는 처리과에서 발송하여야 한다.

② 처리과의 문서수발업무를 담당하는 자(문서과의 지원을 받아 문서를 발송하는 경우에는 문서과의 문서수발업무를 담당하는 자를 말한다)는 발송할 문서와 기록물등록대장의 기재사항을 확인한 후 발송하여야 한다.

③ 문서는 정보통신망을 이용하여 발신함을 원칙으로 한다. 다만, 업무의 성격 기타 특별한 사정이 있는 경우에는 인편 · 우편 · 모사전송 · 전신 · 전신타자 · 전화 등으로 발신할 수 있다.

④ 내용이 중요한 문서는 인편 · 등기우편 기타 발송사실을 증명할 수 있는 특수한 방법으로 발송한다.

⑤ 전자문서는 행정기관의 홈페이지 또는 공무원의 공식 전자우편주소(행정기관이 공무원에게 부여한 전자우편주소를 말한다)를 이용하여 행정기관 외의 자에게 발송할 수 있다.

⑥ 인편(문서사송)에 의하여 문서를 발송하는 때에는 기안문의 적당한 여백에 수신기관의 수령자의 소속과 수령일자를 표시하고 서명(전자문자서명 · 전자이미지서명 및 행정전자서명 제외) 또는 날인을 받아야 한다.

⑦ 인편(문서사송) 또는 우편으로 발송하는 문서는 문서과의 지원을 받아 발송할 수 있다.

⑧ 전자문서 중 정보통신망을 이용하여 발송할 수 없는 문서는 이를 출력하여 발송할 수 있다.

⑨ 우편에 의하여 발송하는 때에는 안전행정부장관이 정하는 행정사무용 봉투에 넣어 발송하여야 한다.

⑩ 행정기관의 장은 공문서를 수발함에 있어서 문서의 보안유지와 분실 · 훼손 및 도난방지를 위한 적절한 조치를 강구하여야 한다.

⑪ 관인(전자이미지관인 제외)을 찍어 시행하는 문서는 관인관리자가 관인을 찍은 후 처리과에서 발송하여야 한다.

2) 문서발송의 일반절차

행정기관의 장은 공문서를 수발함에 있어 문서의 보안유지와 분실 · 훼손 및 도난방지를 위하여 적절한 조치를 강구하여야 한다. 문서발송의 일반적 절차는 다음과 같다.

① 전자결재문서를 정보통신망을 통하여 발송하는 경우

(결재권자) 결 재 → 〈시스템〉 등 록 → (기안자) 문서확인 → (기안자) 발송요청 →

(발송자) 전자이미지관인 날인 → (발송자) 확인 및 발송

※ 관인생략 또는 서명생략문서에는 "관인생략" 또는 "서명생략" 표시를 한다.

② 전자결재를 하여 전자이미지관인을 날인한 후 정보통신망이 아닌 수단을 이용하여 발신하는 경우

(결재권자) 결 재 → 〈시스템〉 등 록 → (기안자) 문서확인 → (기안자) 발송요청 →

(발송자) 전자이미지관인 날인 → (발송자) 출 력 → (발송자) 확인 및 발송

③ 전자결재를 하였으나 전자이미지관인을 날인하지 않고 출력하여 정보통신망이 아닌 수단을 이용하여 발신하는 경우

(결재권자) 결 재 → 〈시스템〉 등 록 → (기안자) 문서확인 → (기안자) 발송요청 →

(발송자) 출 력 → 〈관인관리자〉 관인날인 → (발송자) 확인 및 발송

④ 일반결재문서를 시행하는 경우

〈시스템〉 등 록 → (결재권자) 결 재 → (기안자) 문서확인 → (기안자) 발송요청 →

(발송자) 문서인수 → 〈관인관리자〉 관인날인 → (발송자) 확인 및 발송

※ 관인생략문서는 처리과에서 "관인생략" 표시 후 발송한다.

3) 전신 또는 정보통신망 등에 의한 문서의 취급

① 모사전송 또는 전신 등의 방법으로 발신하는 경우 통신보안에 필요한 조치를 하여야 한다.

② 비밀로 분류된 문서를 암호 또는 음어로 송수신할 경우에는 반드시 송수신자 사이에서로 응답이 있는 경우에 한하여 송신하여야 한다.

③ 전화로 문서를 수발하는 경우 당해 문서의 아래 여백에 송·수신자의 직급·성명과 또는 송·수신시간 등을 기록하여야 한다.

④ 모사전송으로 발송한 문서의 원본은 기안문과 함께 보존하여야 한다.

4) 발신방법을 지정

전신 또는 정보통신망으로 시행할 문서의 내용이 비밀이거나 비밀이 아니라도 누설될 경우 국가안전보장, 질서유지, 경제안정 기타 국익을 해칠 수 있는 사항은 결재권자가 그 발신방법을 기안문 본문의 마지막에 "암호" 또는 "음어"로 지정하여야 한다.

5) 비밀번호 및 전자이미지서명 등록

① 행정기관의 장은 보유하고 있는 컴퓨터에 비밀번호를 부여하여야 한다.

② 정보통신망을 이용하여 문서를 작성·처리하고자 하는 자는 개인별 사용자계정(ID)·비밀번호 및 전자이미지서명을 별지 제6호의2서식에 의하여 등록하여야 한다. 이 경우 비밀번호는 최초로 등록한 후 즉시 변경하여야 한다.

③ 비밀번호는 문서의 보호 및 보안유지를 위하여 수시로 변경하여야 한다.

2-8 문서의 접수 및 처리

1. 문서의 접수

1) 문서접수요령

① 문서과는 수령한 문서를 기록물배부대장에 기록하고, 문서접수란에 접수일시(접수등록번호는 기재하지 아니함)를 기재한 후, 처리과에 배부하고, 기록물배부대장의 인수자란에 처리과의 인수자를 기재하여야 한다. 이때에 문서접수란이 없는 문서는 두문의 오른쪽 여백 또는 뒷면에 사무관리규정 시행규칙 별표 11에 의한 문서접수인을 찍어 기재한다.

② 처리과는 당해 처리과에서 직접 받은 문서(대내문서 · 대외문서 불문)와 문서과로부터 받은 문서를 기록물등록대장에 등재하고, 접수문서의 문서접수란에 접수일시(문서과에서 받은 문서는 문서과에서 기재) 및 접수등록번호를 기재한 후, 처리과의 문서수발사무를 담당하는 자는 전자문서 시스템상에서 처리담당자에게 인계(배부)하고, 처리담당자는 접수된 문서에 대한 공람여부 및 공람할 자의 범위 등을 정한다*. 이때에 문서접수란이 없는 문서는 두문의 오른쪽 여백 또는 뒷면에 사무관리규정 시행규칙 별표 11에 의한 문서접수인을 찍어 기재한다.

③ 홈페이지 또는 전자우편주소를 이용한 접수요령은 행정기관의 장이 행정기관의 홈페이지 또는 공무원의 공식 전자우편주소

* 처리과가 원격지에 분산되어 있는 경우에는 따로 접수할 수 있다.

를 이용하여 행정기관 외의 자로부터 문서를 받아 처리과에서 접수할 수 있다.

④ 2개 이상의 보조기관 및 보좌기관에 관련된 문서인 경우 문서과는 그 관련성의 정도가 가장 높다고 판단되는 보조기관 또는 보좌기관에 보낸다. 처리과에서 직접 접수한 경우에도 처리방법은 같다.

이 경우 문서를 접수한 처리과(관련성이 가장 높은)는 당해 문서를 복사하여 관련 보조(보좌)기관에 처리과의 장(처리과가 소속된 보조(보좌)기관 포함)의 명의로 이송하여야 한다.

⑤ 당직근무자가 받은 문서 : 다음 정상 근무시각 시작 후 지체없이 문서과에 인계하여야 한다.

〈예시〉

- 토요일 18:00 접수 → 월요일 출근시간 직후
- 월요일이 공휴일인 때에는 화요일 출근시간 직후

⑥ 감열기록방식의 모사전송기(FAX)에 의하여 수신한 문서 중 보존기간이 3년 이상인 문서는 복사하여 접수하여야 한다. 이 경우 수신한 모사전송(FAX)문서는 즉시 폐기한다. 그리고 감열기록방식이 아닌 모사전송(FAX)문서는 그대로 접수한다.

⑦ 민원문서의 접수 및 처리는 「민원사무처리에 관한 법률」이 정하는 바에 따른다.

⑧ 행정기관 외의 자로부터 정보통신망을 통한 문서접수방법을 위해서 행정기관의 장은 정보통신망을 이용하여 행정기관 외의 자로부터 문서를 접수할 수 있도록 필요한 조치를 할 수 있다. 이와 같이 정보통신망을 이용하여 접수된 문서는 사무관리규정 제23조제1항 내지 제4항의 규정에 의하여 처리하여야

한다. 다만, 발신자의 주소 · 성명 등이 불분명한 경우에는 접수하지 아니할 수 있다.

⑨ 우편으로 발송한 문서를 접수한 경우에 발송자의 요구가 있는 때에는 별지 제7호서식의 공문서영수증을 보내주어야 하며, 인편에 의하여 문서를 접수한 때에는 수신기관의 수령자가 서명 또는 날인하여 영수의 표시를 하여야 한다.

2) 문서의 반송

① 행정기관의 장은 접수한 문서가 형식상의 흠이 있을 때에는 그 문서의 생산등록번호 · 시행일자 · 제목과 반송사유를 명시하여 발신 행정기관의 장에게 반송할 수 있다.

② 처리과는 문서과로부터 그 소관에 속하지 아니하는 문서를 인계받는 경우 지체 없이 문서과에 반송하여야 한다. 이 경우 문서과는 당해 문서를 즉시 재배부하되, 문서과의 장이 지정하는 처리과로 보낸다.

③ 처리과에서 직접 접수한 문서가 그 소관에 속하지 아니하는 경우에는 이를 지체 없이 문서과에 보내어 해당 처리과에 배부하도록 요청하여야 한다.

④ 행정기관의 장은 접수한 문서가 다른 기관의 소관사항인 경우에는 이를 지체 없이 소관기관의 장에게 이송하여야 한다.

2. 경유문서의 처리요령

1) 경유문서의 접수

경유문서의 접수절차도 일반문서의 접수절차와 동일하다.

(1) 문서과에서 받은 경유문서

수령한 경유문서를 기록물배부대장에 기재하고, 문서접수란에 접수일시(접수등록번호는 기재하지 아니함)를 기재한 후, 처리과에 보낸다. 이때에 문서접수란이 없는 문서는 두문의 오른쪽 여백 또는 뒷면에 사무관리규정 시행규칙 별표 11에 의한 문서접수인을 찍어 기재한다.

(2) 처리과에서 접수한 경유문서

문서과로부터 받은 경유문서의 문서접수란에 접수등록번호를 기재하고, 처리과에서 직접 받은 경유문서는 문서접수란에 접수일자와 접수등록번호를 기재한 후, 기록물등록대장에 접수한다. 이때에 문서접수란이 없는 문서는 두문의 오른쪽 여백 또는 뒷면에 사무관리규정 시행규칙 별표 11에 의한 문서접수인을 찍어 기재한다.

2) 경유문서의 결재 및 처리

① 경유기관은 접수한 경유문서에 대한 검토를 마친 후 다른 경유기관의 장 또는 최종 수신자에게 경유문서를 첨부한 결재권자의 결재를 받아 경유기관의 장의 명의로 발송하여야 한다.

② 경유기관의 의견이 있는 때에는 그 의견을 본문에 표시하거나 첨부하여 보내야 한다.

③ 경유기관의 의견이 없는 경우에도 경유문서를 이송한다는 내용으로 결재권자의 결재를 받아 경유기관의 장의 명의로 발송하는 문서에 경유문서를 첨부하여 이송하여야 한다.

3) 경유문서의 반송 및 보완

경유기관의 장은 경유문서를 최종적으로 처리할 권한이 있는 자가 아니므로 검토과정에 형식상, 내용상 흠이 있더라도 이를 이유로 하여 발신 행정기관의 장에게 반송할 수 없다.

또한, 경유문서에 대하여 수정 또는 보완요구를 할 수 없다. 위에서 설명한 바와 같이 경유기관의 장은 경유문서에 대한 검토를 하고, 이에 대한 의견이 있는 경우에는 이를 첨부하여 경유절차를 밟아 보내야 한다.

4) 경유문서의 표시 예시

경유문서는 기안문 및 시행문의 수신자란 밑의 (경유)란 및 제목에 다음 예시와 같이 표시하여야 한다.

〈예시〉

행정기관명

수신자　○○○
(경유)　이 문서는 경유기관의 장은 ○○○(또는 제1차 경유기관의 장은 ○○○, 제2차 경유기관의 장은 ○○○)이고, 최종 수신기관의 장은 ○○○입니다.
제목　경유문서의 이송

(본문 내용)

발 신 명 의

[최초로 보낸 기관]

<table>
<tr><td colspan="2" align="center">효자동</td></tr>
<tr><td>수신자</td><td>종로구청장(총무과장)</td></tr>
<tr><td>(경유)</td><td>이 문서는 제1차 경유기관의 장은 종로구청장이고, 제2차 경유기관의 장은 서울특별시장이며, 최종 수신기관의 장은 안전행정부장관입니다.</td></tr>
<tr><td>제목</td><td>○○○○○○</td></tr>
<tr><td colspan="2">(본문 내용)</td></tr>
<tr><td colspan="2" align="center">효자동장</td></tr>
</table>

[1차 경유기관 처리 예시]

<table>
<tr><td colspan="2" align="center">종로구</td></tr>
<tr><td>수신자</td><td>서울특별시장(총무과장)</td></tr>
<tr><td>(경유)</td><td>문서는 제1차 경유기관의 장은 종로구청장이고, 제2차 경유기관의 장은 서울특별시장이며, 최종 수신기관의 장은 안전행정부장관입니다.</td></tr>
<tr><td>제목</td><td>경유문서의 이송</td></tr>
<tr><td colspan="2">(본문 내용)

붙임 1. 시행문(효자동 경유문서) 1부.
2. 의견서 1부(있는 경우에만 첨부). 끝.</td></tr>
<tr><td colspan="2" align="center">종로구청장</td></tr>
</table>

[2차 경유기관 처리 예시]

<table>
<tr><td colspan="2" align="center">서울특별시</td></tr>
<tr><td>수신자</td><td>안전행정부장관(총무과장)</td></tr>
<tr><td>(경유)</td><td>이 문서는 제1차 경유기관의 장은 종로구청장이고, 제2차 경유기관의 장은 서울특별시장이며, 최종 수신기관의 장은 안전행정부장관입니다.</td></tr>
<tr><td>제목</td><td>경유문서의 이송</td></tr>
<tr><td colspan="2">붙임 1. 시행문(효자동 경유문서) 1부.
2. 시행문(종로구 경유문서) 1부.
3. 의견부 1부(있는 경우에만 첨부). 끝.</td></tr>
<tr><td colspan="2" align="center">서울특별시장</td></tr>
</table>

3. 접수문서의 공람(처리과)

① 접수문서는 접수란자가 먼저 기록물등록대장에 기재한 후, 문서접수란(문서접수란이 없는 경우에는 문서접수인을 날인)에 접수등록번호와 접수일시를 기재하여 처리담당자에게 인계하는 것으로 종결하는 것이 원칙이다.

② 공람대상문서 : 접수문서는 접수등록번호와 접수일시를 기재하고, 공람하지 않는 것이 원칙이나, 다음에 해당하는 문서는 공람할 자의 범위를 정하여 행정계통에 따라 순차적으로 공람하게 하거나 병렬적으로 공람하게 할 수 있다.

㉠ 결재권자로부터 처리지침을 받아야 할 필요가 있는 문서

㉡ 민원문서

㉢ 행정기관간 또는 행정기관 내 보조기관 또는 보좌기관 간 업무협조에 관한 문서

㉣ 접수된 문서를 처리하기 위하여 소관사항 등 형식적인 면 또는 법률 · 예산 등 내용적인 면에서 검토가 필요한 문서

㉤ 그 밖에 공무원의 신상(身上), 교육훈련 등과 관련하여 공무원이 개별적으로 또는 전체적으로 알아야 할 필요가 있는 문서

③ 공람제외문서 : 통계 · 설문조사 등을 위하여 각 기관으로부터 취합하는 문서는 공람하지 않는다.

④ 공람을 하는 결재권자는 문서의 처리기한 및 처리방법을 지시할 수 있으며 필요하다고 인정하는 때에는 그 처리담당자를 따로 지정할 수 있다.

⑤ 공람방법 : 접수문서에 대한 공람방법은 두 가지이고 종이문서와 전자문서의 공람방법은 다르다.

㉠ 종이문서의 공람방법 : 접수문서의 적당한 여백에 공람할 자의 직위 또는 직급을 표시하여 공람(서명)을 받는다. 공람방법의 예시는 다음과 같으며, 접수문서의 여백활용에 따라 선택적으로 사용한다.

〈예시〉

(1) [수평 공람] (직위/직급 및 서명을 한 줄로)

행정주사 **박천국** 행정사무관 **김삿갓** 행정능률과장 **홍길동** 행정관리국국장 **김자비**

(2) [수평 공람] (직위/직급 밑에 서명)

행정주사	행정사무관	행정능률과장	행정관리국국장
박천국	**김삿갓**	**홍길동**	**김자비**

(3) [수직 공람] (직위/직급 다음에 서명)

행정관리국국장	**김자비**
행정능률과장	**홍길동**
행정사무관	**김삿갓**
행정주사	**박천국**

㉡ 전자문서의 공람방법 : 전자문서는 전자문서 시스템 내에서 공람하였다는 기록이 유지되도록 한다. 접수된 전자문서 자체에는 공람할 란이 없으므로, 전자문서 시스템 내에서 공람자의 직위 또는 직급, 성명 및 공람일시 등이 자동으로 표시되도록 하여야 한다.

〈공람표시 예시〉

① 장관(기관장)까지 공람한 경우(행정사무관이 담당자임)

(1) [수평 공람] (직위/직급 및 서명을 한 줄로)

행정능률과장 **박천국** 행정관리국장 **김삿갓** 차관 **홍갑순** 장관 **홍길동**

(2) [수평 공람] (직위/직급 밑에 서명)

행정능률과장	행정관리국장	차관	장관
박천국	**김삿갓**	**홍갑순**	**홍길동**

(3) [수직 공람] (직위/직급 다음에 서명)

장관 **홍길동**
차관 **홍갑순**
행정관리국장 **김삿갓**
행정능률과장 **박천국**

② 차관(부기관장)까지 공람한 경우(행정주사가 담당자임)

(1) [수평 공람] (직위/직급 및 서명을 한줄로)

행정사무관 **박천국** 행정능률과장 **김삿갓** 행정관리국장 **홍갑순** 차관 **홍길동**

(2) [수평 공람] (직위/직급 밑에 서명)

행정사무관	행정능률과장	행정관리국장	차관
박천국	**김삿갓**	**홍갑순**	**홍길동**

(3) [수직 공람] (직위/직급 다음에 서명)

차관 **홍길동**
행정관리국장 **홍갑순**
행정능률과장 **김삿갓**
행정사무관 **박천국**

③ 국장까지 공람한 경우(행정주사가 담당자임)

(1) [수평 공람] (직위/직급 및 서명을 한 줄로)

행정사무관 **김삿갓** 행정능률과장 **홍갑순** 행정관리국장 **홍길동**

(2) [수평 공람] (직위/직급 밑에 서명)

행정사무관　　행정능률과장　행정관리국장

김삿갓　　**홍갑순**　　**홍길동**

(3) [수직 공람] (직위/직급 다음에 서명)

행정관리국장　**홍길동**

행정능률과장　**홍갑순**

행정사무관　**김삿갓**

④ 과장까지 공람한 경우(행정주사가 담당자임)

(1) [수평 공람] (직위/직급 및 서명을 한 줄로)

행정사무관 **홍갑순**　행정능률과장 **홍길동**

(2) [수평 공람] (직위/직급 밑에 서명)

행정사무관　행정능률과장

홍갑순　**홍길동**

(3) [수직 공람] (직위/직급 다음에 서명)

행정능률과장　**홍길동**

행정사무관　**홍갑순**

⑤ 총괄책임자(행정사무관)까지 공람한 경우(행정주사가 담당자임)

(1) (직위/직급 및 서명을 한 줄로)

행정사무관 **홍갑순**

(2) (직위/직급 밑에 서명)

행정사무관

홍갑순

⑥ 담당자(행정주사 또는 행정사무관 등 직위가 없는 자) 전결사항인 경우에는 문서접수자로부터 접수문서를 인계받아 이미 확인한 사항이므로 별도로 공람할 필요가 없다.

2-9 전자문서의 표준 및 유통 등

1. 전자문서의 표준 제정 및 고시 등

1) 전자문서의 표준 제정

안전행정부장관은 전자문서 시스템 기능의 규격표준, 전자문서 시스템 간 전자문서의 유통표준, 전자문서 시스템과 행정정보 시스템 간 전자문서 또는 행정정보의 유통표준을 정하여야 한다. 다만, 산업표준화법에 의한 한국산업규격이 제정되어 있는 사항에 대하여는 그 규격에 따른다.

2) 전자문서의 표준 고시

안전행정부장관은 위의 사항에 의하여 규격표준 · 유통표준 등을 정한 경우에는 이를 관보에 고시하고 인터넷에 게시하여야 한다. 그 표준을 변경하는 경우에도 또한 같다.

3) 인증받은 전자문서 시스템 사용 의무화

행정기관의장은 특별한 사유가 없는 한 안전행정부장관이 제정 · 고시하고 전문기관이 표준에 적합하다고 인증을 한 전자문서 시스템을 사용하여야 한다.

4) 전문기관의 지정

① 전자문서 시스템에 대한 인증은 안전행정부장관이 지정하는 전문기관이 행한다.

② 안전행정부장관은 전자문서 시스템에 대한 인증을 행하는 전문기관을 지정하는 경우에는 인증을 실시할 수 있는 시설과 인증실적 등을 고려하여 지정하여야 한다.

2. 행정정보 시스템과 전자문서 시스템 간 연계

행정기관의 장은 자체적으로 운영·관리하고 있는 행정정보 시스템을 전자문서 시스템 등과 연계하여 행정정보를 공동 활용하는 등의 조치를 취하여야 한다.

3. 정부전자문서유통지원센터

1) 센터 설치 및 기능수행

안전행정부장관은 행정기관 간 전자문서의 원활한 유통을 지원하기 위하여 안전행정부에 정부전자문서유통지원센터(이하 “센터”라 함)을 두되, 정부전산정보관리소가 그 기능을 수행한다. 다만, 안전행정부장관은 전자문서유통관리의 안전성 및 용이성 등을 위하여 필요한 경우에는 센터 업무의 일부를 다른 행정기관으로 하여금 수행하게 할 수 있다.

2) 센터의 업무

① 전자문서 또는 행정정보의 원활한 유통을 위한 지원 및 규격표준·유통표준 등의 운영

② 전자문서 시스템 및 행정정보 시스템의 전자적 주소 등의 배포 및 관리

③ 전자문서 또는 행정정보의 효율적인 유통을 위한 프로그램의

개발 · 보급

④ 전자문서 또는 행정정보의 유통 시 발생하는 장애의 복구를 위한 지원

3) 센터운영에 필요한 사항

① 센터를 관리하는 자는 센터의 시스템이 정상적으로 가동되도록 관리하여야 하며, 유통되는 전자문서 및 행정정보가 위조 · 변조 · 훼손 또는 유출되지 아니하도록 적절한 보호대책을 강구하여야 한다.

② 센터의 관리자는 원활한 전자문서유통을 지원하기 위하여 필요한 경우 테스트 문서를 발송하여 행정기관 간 정상적 문서 유통여부를 확인하여야 한다.

③ 센터의 관리자는 전자문서유통상의 장애가 발생하거나 시스템 간 문제가 발생하는 경우에는 각 행정기관의 전자문서 시스템의 관리자에게 시스템 관련 정보를 요청할 수 있다.

④ 안전행정부장관은 센터업무의 일부를 수행하는 행정기관에 대하여 기술적인 지원을 할 수 있다.

⑤ 센터의 관리자와 센터업무의 일부를 수행하는 행정기관의 전자문서유통지원업무를 담당하는 자의 역할 및 센터의 이용절차 등에 관하여 필요한 세부사항은 안전행정부장관이 정한다.

2-10 기록물의 보존관리

1. 기록물의 보존

1) 기록물관리기구

(1) 중앙기록물관리기관

① 설치 : 정부기록보존소

② 업 무

㉠ 기록물관리 정책 및 제도의 관리

㉡ 중앙행정기관의 준영구 이상 기록물관리

㉢ 국가기록물 지정 및 관리

㉣ 기록물분류기준표 작성 고시

(2) 특수기록물관리기관

① 설치 : 국회, 법원, 헌법재판소, 중앙선관위, 국가정보원, 육·해·공군에 설치가능

② 업 무

㉠ 관할 공공기관의 기록물관리 및 지도·감독

㉡ 중앙기록물관리기관과의 기록물관리 협력

(3) 지방기록물관리기관*

① 설치 : 특별시, 광역시·도에 설치가능

* 특수기록물관리기관과 지방기록물관리기관은 설치하지 않을 수도 있다. 이 경우 중앙기록물관리기관에서 위탁관리가 가능하다.

② 업 무

㉠ 관할 지방자치단체의 준영구 이상 기록물관리

㉡ 관할 지방자치단체의 기록물관리 지도 · 감독

㉢ 중앙기록물관리기관과의 기록물관리 협력

(4) 자료관

① 설치 : 각급 기관의 기획관리실 · 총무과 등 총괄 부서에 설치

② 업 무

㉠ 20년 이하 보존기록물 관리

㉡ 전문관리기관으로 기록물이관

㉢ 간행물, 일반도서 등의 관리

㉣ 정보공개 창구역할 수행

(5) 특수자료관

① 설치 : 통일부, 외교통상부, 국방부, 대검찰청, 경찰청 등

② 업 무

㉠ 당해 기관 및 자료관이 없는 소속기관에 대한 자료관 역할

㉡ 준영구 이상 기록물 중 비공개 기록물을 30년 간 관리 후 전문관리기관으로 이관

(6) 기록물관리책임자

① 각 처리과에 지정 운영

② 기록물의 생산 · 발송 · 접수등록과 기록물철의 등록관리

③ 처리과 기록물분류기준표 관리

④ 단위업무별 기록물철 작성기준 수립

⑤ 기록물 정리 · 보관 · 이관에 관한 사항

⑥ 간행물 · 일반도서의 등록관리

2) 관리대상 기록물과 생산의무

① 공식 결재문서뿐 아니라 검토서, 회의록, 업무 노트, 일정표 및 방문객명단, 반려 또는 수정 시 원본문서까지 보존관리

② 주요사항에 대한 검토서, 회의록, 시청각기록물을 의무적으로 생산하여 역사적 사실을 보존하여야 한다.

3) 기록물의 분류

(1) 분 류

모든 기록물은 사안별로 분류하여 기록물철등록부에 등록한다.

(2) 분류번호 부여

기록물철에는 「처리과 기관코드+단위업무번호+기록물철등록연번」으로 구성되는 분류번호를 부여한다.

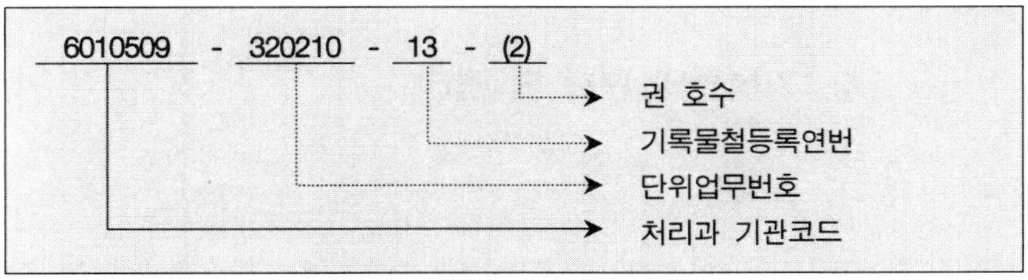

※ 처리과 기관코드, 기능분류번호는 전문관리기관에서 관보 등으로 고시한다.

(3) 분류하여 등록

기록물등록대장에는 각 문건이 어느 기록물철에 편철되는지를 분류하여 등록한다.

4) 기록물분류기준표

① 종래의 「공문서분류번호 및 보존기간표」에 대체된 것이다.

② 기록물분류기준표는 전문관리기관이 작성 · 고시한다.

③ 처리과별 · 단위업무별로 기록물분류기준표에 의하여 기록물을 관리한다.

④ 기록물분류기준표에는 기능분류번호 · 보존기간 · 보존장소 · 보존방법 · 비치문서 여부 및 이관시기 · 특수목록 등이 수록된다.

⑤ 직제개정 · 업무변경 시에는 지체없이 분류기준표 변경신청을 한다.

비밀문서

✔ 비밀업무는 단위업무명에 가명을 부여하여 작성한다.
✔ 비밀업무 기록물분류기준표 관련 자료는 당해 업무의 비밀등급과 같은 등급의 비밀문서로 취급한다.
 −예고문은 1개월 경과한 월말파기로 작성한다.
✔ 비밀 관련 내용은 별도 전산기로 정보통신망에서 분리 · 관리한다.

2. 기록물의 편철 및 관리

1) 편 철

① 모든 기록물은 사안단위로 관련 문서끼리만 얇게 편철한다.

㉠ 발생 · 경과 · 완결의 관계로 연결되는 하나의 사안단위로 편철한다.

㉡ 하나의 주제 · 과제 · 행사 · 회의 · 사안 관련 기록물별로 편철한다.

㉢ 카드류는 동종 카드(30건 미만)을 넣어 편철한 봉투단위로 한다.

㉣ 기타 기록물철 단위로 적합한 업무단위로 한다.

② 기록물철은 100매 이내로 얇게 하되 분량이 많은 때는 2권 이상으로 분철이 가능하다. 이 경우 동일 분류번호에 권·호수만 달리하고, 면표시는 권·호수 구분없이 계속 연결된다.

③ 편철순서는 위로부터 표지, 색인목록(수기작성), 발생일자순 문건의 순서로 끼워 넣어 편철한다.

2) 관 리

① 일반문서류는 완결 전에는 진행문서 파일에, 완결 후에는 진행문서 파일에서 기록물만 빼내 전산 출력한 색인목록을 첨부하여 보존용 표지를 씌워 크립으로 고정 후 보존상자에 넣어 관리한다.

② 카드류, 사진·필름류, 도면류는 보관봉투에 담아 관리한다.

㉠ 비치활용기간 중에는 개별로 카드함에 넣어 관리한다.

㉡ 비치활용이 끝난 카드류는 30건 기준으로 카드봉투에 넣어 편철하고 「기록물철등록부」에 등록한 후 관리한다.

㉢ 도면류는 사안(기록물철)단위로 도면봉투에 넣어 편 상태로 도면함에 관리한다.

㉣ 보관봉투 맨 위에 색인목록을 놓고 각 기록물에 등록번호 표시 후 색인목록순으로 배열한다.

3. 기록물의 보존

보존기간·보존방법·보존장소는 전문관리기관에서 고시한 기록물분류기준표를 기준으로 하되, 구체적 분류는 기록물의 실제내용을 검토하여 분류하고, 비밀문서 사본은 예고문대로 처리하되, 원본은 반드시 보존, 조치한다.

1) 보존분류

① 기록물철단위로 기록물 정리 시 처리과 장의 책임하에 분류한다.

② 보존분류결과는 반드시 기록물철등록부에 입력하여 등록한다.

2) 보존기간 (7종)

① 영구, 준영구, 20년, 10년, 5년, 3년, 1년.

② 준영구 : 인적기록 · 물품관리기록, 시설관련기록 등 장기보존은 필요하나, 관리대상인인물 · 물건 · 시설 등이 사망 또는 소멸되면 더 이상 보존필요가 없으나, 보존기간을 특정하기 곤란하여 50년경과 후 매 20년마다 보존여부를 재분류해야 하는 기록물이다.

㉠ 기록물철의 구체적 내용에 따라 기록물분류기준표상의 보존기간과 다르게 책정이 가능하다.

㉡ 종전의 30년 보존기록물은 준영구 기록물로 간주하여 관리한다.

㉢ 보존기간 계산의 기산일 : 생산년도 다음해 1월 1일을 기준으로 한다.

㉣ 비밀기록물도 기록물분류기준표를 참고하여 건 단위로 보존기간을 책정한다.

㉤ 전문관리기관의 장은 특별히 보존조치 필요 시 특정기록물에 대하여 보존기간을 지정하여 통보할 수 있다.

3) 보존방법

전문관리기관의 장이 결정 · 고시한 기록물분류기준표를 기준으로 원본과 보존매체 병행보존, 원본만 보존, 보존매체로 대체보존 등 3종으로 분류하여 보존한다.

4) 보존장소

① 20년 이하 보존물 : 자료관

② 준영구 이상 기록물 : 전문관리기관 보존원칙

4. 기록물정리와 생산현황 보고

1) 기록물정리

생산연도가 경과하면 익년도 3월말까지 기록물을 정리한다.

2) 생산현황보고

처리과는 5월말까지 자료관에 생산현황을 제출하며, 자료관은 6월말까지 전문관리기관에 보고한다.

5. 기록물이관

① 기록물은 처리과에서 1~2년 경과 후 자료관으로 이관해 집중관리한다.

② 자료관은 준영구 이상의 기록물은 7년 경과 후 전문관리기관에 이관한다.

③ 9년(처리과 : 2년+자료관 : 7년) 경과 후 전문관리기관에 이관한다.

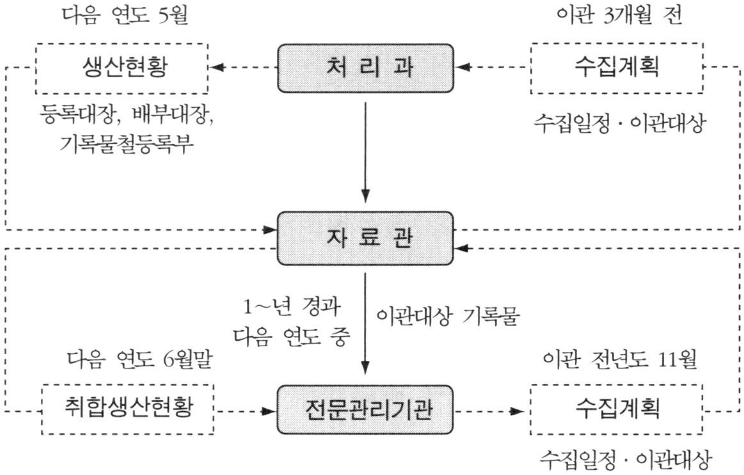

※ 이관시기는 생산년도 다음해 1월1일(보존기간 기산일)부터 계산한 기간임.

기록물이관 모형

④ 이관시기특례

비치기록물	기록물분류기준표상 지정된 이관시기까지 처리과에서 관리 후 지정된 이관시기 다음 연도에 이관
비밀기록물	일반문서로 재분류 시, 예고문 도래 시 또는 생산 후 3년 경과 시 다음 연도 중 이관
특수자료관소관 기록물(통일, 외교, 안보, 수사분야 중 비공개 기록물	특수자료관에서 30년 관리 후 다음 연도 이관 산하자료관은 9년 경과 후 특수자료관으로 이관 ※ 30년 간 자체관리하는 대상은 비공개 기록물에만 적용되는 것임
대통령관련기록물	대통령 임기종료 20일 전부터 임기종료 시까지 이관
시청각기록물	생산년도로부터 5년 경과 전까지 수시 이관 자료관별로 취합하여 전문관리기관으로 이관
전 자 문 서	생산다음 연도의 생산보고 시 복사 파일 이관
전문관리기관의 보존매체 사본	보존매체 수록 후 다음 연도 중 이관
이관연기신청 기록물	이관연기 시 지정된 이관 연도에 이관
조기이관 기록물	처리과 또는 자료관에서 조기관을 요청할 경우 이관시기 도래 전에 언제나 이관가능

⑤ 이관 준비사항으로 편철정리 및 보존상자 편성은 다음과 같이 한다.

㉠ 일반문서류 : 생산년도별 · 보존기간별로 보존상자에 넣는다

㉡ 카드류 : 30건 미만 기준으로 봉투에 담아 생산년도별 · 보존기간별로 보존상자에 넣는다.

㉢ 도면류 : 30매 미만 기준으로 보존봉투에 펴서 넣는다.

㉣ 사진류 : 기록물철(사안 또는 주제) 단위로 봉투에 넣는다. 이때에 동일건의 필름 · 사진은 동일한 등록번호 부여하여 함께 넣어야 한다.

㉤ 개별기록물 : 기록물 건별로 봉투에 넣는다.

㉥ 비밀기록물 : 기록물 건별로 인수증과 함께 봉투에 넣어 봉인한다. 특히 준영구 이상 기록물은 재분류 편철 및 전산등록 후 이관한다.

6. 보존매체 수록

준영구 이상 기록물은 보존매체에 수록 원본폐기대상 또는 보존성 취약 기록물은 마이크로필름 등 육안 판독이 가능한 매체에 수록하며, 마이크로필름 · 광디스크에 매체번호를 부여한다. 이 경우 매체번호는 수록기관코드+누년일련번호로 구성한다.

7. 서고관리

① 20년 이하 보존물은 기록물형태별 · 보존기간별 · 생산년도별로, 준영구 이상은 형태별 · 가치등급별 · 보존기간별로 배치하여 관리한다.

② 서고별 관리책임자를 지정하고, 당해 관리책임자에 의하여 서고의 출입과 기록물의 입 · 출고가 통제되도록 하여야 한다.
③ 2년 주기로 전수점검을 하고, 10~30년 주기로 상태점검을 실시한다.
④ 준영구 이상 기록물의 서고 외 지역 반출은 원칙적으로 금지한다.

8. 기록물의 공개 및 열람

① 모든 기록물은 이관 시 공개여부를 구분하여 이관한다.
② 소장 기록물에 대한 기본목록 및 세부목록을 전산으로 작성 · 비치한다.
③ 공공기관의 정보공개에 관한 법률에 따라 정보공개 청구 시 열람제공을 원칙으로 한다.

9. 기록물폐기

① 모든 기록물은 처리과에서 폐기가 불가하며, 기록물관리기관으로 이관하여야 한다.
② 기록물은 반드시 전문요원 심사와 폐기심의회 심의 후 폐기한다.
③ 기록물분류기준표상 준영구 이상 기록물을 20년 이하 분류시는 전문관리기관으로 이관하여 폐기심사 후 폐기가 가능하다.

〈기록물폐기절차〉

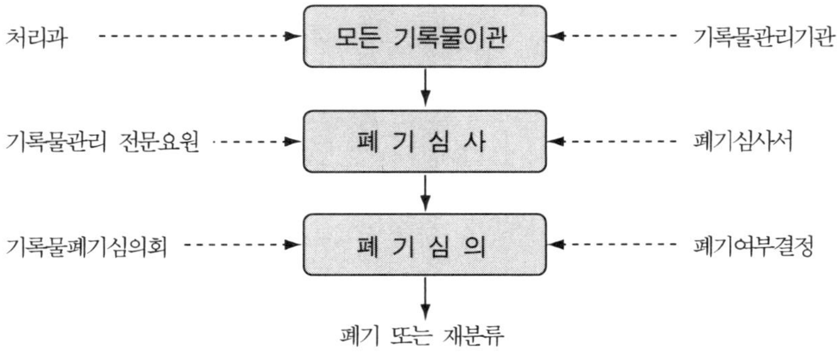

10. 대통령기록물의 보존관리

① 공공기관은 매년(임기종료 연도는 1월) 대통령 관련 기록물목록을 보고한다.

② 각급 기관 대통령기록은 별도 분리하지 않고 원래 기록물철에 관리 · 이관한다.

〈수집 보존절차〉

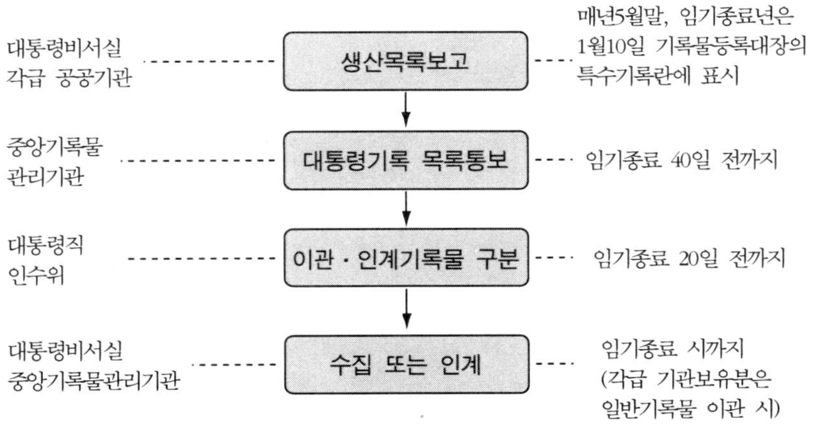

11. 비밀기록물의 보존관리

① 비밀기록물 생산기관은 원본에 대한 보존기관을 책정한다. 이 경우 비밀원본은 일반문서로 재분류 시, 예고문 기간 도래 시, 30년 경과 시 전문관리기관으로 이관한다.

② 전담관리요원을 지정하여 별도의 비밀전용서고에 보존하며, 비밀기록물 목록 등 전산처리는 정보통신망과 격리된 별도 컴퓨터로 관리한다.

12. 전자문서의 보존관리

전자문서는 종이문서의 이관시기와 동일하게 전자적으로 이관하며, 컴퓨터 파일로 보존하여야 한다. 준영구 이상은 M/F화하여 보존한다.

13. 시청각기록물의 보존관리

① 주요인사 · 사건 · 사업 · 공사 · 행사 등에 대한 시청각기록물을 작성 · 보존한다.

② 사진 · 필름 · 녹음 및 비디오 · 영화 등 시청각기록물도 등록 및 보존분류를 실시한다.

③ 시청각기록물은 5년 내 시청각기록 전문관리기관에 이관 · 보존한다. 이때에 전문관리기관이 전용서고 및 관리장비가 없을 시 중앙관리기관으로 이관해야 한다. 시청각기록물은 시청각 보존조건에 맞는 별도의 전용서고에서 관리하여야 한다.

④ 일반문서에 첨부된 시청각기록물은 분리하여 시청각물로 첨부, 등록하여 보존한다.

14. 간행물의 보존관리

1) 간행물 발간등록

① 공문서 · 단순홍보 간행물 외 모든 간행물은 전문관리기관으로부터 발간등록번호를 부여받아 발간한다.

② 전문관리기관기호+발행기관코드+등록연번+발간주기의 등록번호를 부여하며, 간행물 좌측상단에 발간등록번호를 반드시 표시하여 발간한다.

2) 간행물 제출

① 중앙 · 전문관리기관 · 자료관 · 국립영상간행물제작소에 3부씩 제출한다.

② 전문관리기관은 제출받은 간행물을 보존매체에 수록하여 보존한다.

③ 전문관리기관은 전산에 의한 간행물 목록을 작성 · 비치한다.

15. 일반도서의 관리

① 일반도서는 연 1회 이상 정기적으로 등록하여 관리하여야 하며, 등록번호 · 도서명 · 저자 · 소장위치 등이 포함된 일반도서 목록을 자료관 단위로 전산으로 작성 · 비치한다.

② 처리과 활용이 끝난 일반도서는 자료관으로 이관하여 공동 활용한다.

③ 기록물관리기관의 장은 일반도서를 수집하거나 수집의무부과를 위하여 필요하다고 인정되는 경우에는 관할 공공기관에 대하여 수집이 필요한 일반도서의 목록을 조사할 수 있다.

16. 국가기록물 지정 · 관리

① 국가기록물이 유출되어 민간이 보유하는 경우 회수하여야 한다. 다만, 선의취득 시 보상하여야 한다.

② 공공기관의 업무 관련하여 생산된 보존가치 높은 기록물은 국가기록물로 지정한다. 소유권은 그대로 인정하면서 보호 및 멸실방지의 역할을 수행하여야 한다.

③ 국가기록물 지정을 위해 필요 시 기록물 목록 · 내용확인 등 조사를 할 수 있다.

④ 지정기록물 소유자는 처분 시 60일내 중앙기록물관리기관에 처분내용을 신고해야 한다.

⑤ 중앙기록물관리기관은 연 1회 이상 관리상황 변동여부 확인 및 5년 1회 이상 기록물 보존상태 확인 실시 후 관리대장에 결과를 기록해야 한다.

17. 기록물관리 전문요원

① 전문관리기관 25% 이상, 자료관당 1명 이상은 전문요원으로 배치하여야 하며, 그 자격요건은 다음과 같다.

㉠ 기록물관리학 석사학위 이상자(기록물관리직렬 신설예정)

㉡ 역사학 · 문헌정보학 석사학위 이상자 중 안전행정부장관이 정하는 기록물관리학 교육과정 이수자

㉢ 육 · 해 · 공군 참모총장이 정하는 군인 · 공무원, 검찰총장이 정하는 소속공무원, 경찰청장 · 해양경찰청장이 정하는 경찰공무원 중 안전행정부장관이 정하는 기록물관리학교육과정 이수자

② 전문요원 외 기록물관리 종사자는 기록물관리 실무교육이수를 의무화해야 한다.

18. 처 벌

① 기록물을 무단파기하거나 국외로 유출할 경우 7년이하 징역 또는 1천만원 이하의 벌금을 받을 수 있다.

② 기록물 무단은닉, 무단유출, 중과실로 기록물멸실, 고의 · 중과실로 일부훼손을 할 경우 3년 이하 징역, 5백만원 이하 벌금에 해당한다.

③ 국가기록조사거부 · 방해 · 기피를 할 경우 2년 이하 징역 또는 3백만원 이하의 벌금에 해당하며, 지정기록물 처분 미신고시 100만원 이하 과태료에 해당한다.

④ 기록물의 등록 · 이관 · 보존 등이 부실할 경우 전문기관의 지도 · 확인을 거쳐 징계요구를 할 수도 있다.

제 3 장 정책실명제

3-1 정책실명제

기관의 장은 주요 정책의 결정 · 집행에 관련되는 사항을 종합적으로 기록 · 보존한다. 이때에 정책결정 및 집행과정에 참여한 관련자의 소속 · 직급 및 그 의견과 계획서, 보고서, 회의 및 공청회 · 세미나 관련 준비자료 및 토의내용 등을 기록, 보존하여야 한다.

3-2 정책자료집의 발간

1. 목 적

① 정책의 입안 및 집행과정을 체계적으로 정리
② 국민의 알 권리를 충족시켜 주기 위한 공개자료로 활용
③ 문서의 멸실 및 훼손방지
④ 유사한 정책 입안 시 참고자료로 활용

2. 대 상

① 국가의 주요 국정현안 사항
② 대규모 국책공사 또는 대규모 예산이 투입되는 사업
③ 장관급 이상이 단장이 되고 있는 외교 및 통상협상 사항
④ 대통령령 이상의 법령제정 사항
⑤ 국민생활에 큰 영향을 미치는 제도

⑥ 기타 정책자료집으로 만들어 보존할 필요가 있는 사항

3. 수록내용

① 추진배경

② 추진경과

③ 계획에서부터 시행 · 완결까지 관련된 모든 문서

㉠ 계획서 · 보고서 · 추진계획표 · 일정표 · 심사분석결과 등

㉡ 관련자 및 관련자별 업무분담내용

㉢ 공청회, 세미나 및 관계자회의 기록

㉣ 정책을 변경하는 경우 변경하게 된 경위, 관련자 및 관련 기록

4. 발 간

① 정책자료집은 매년 처리과에서 2부를 발간하되, 단위업무에 따라 개별 작성한다.

② 규칙 별지 제23호의 2서식에 의한 정책추진과정 비망록을 맨위에 첨부하고, 관련 문서를 복사하여 결재일자 순으로 정리한다.

③ 관련 문서 중 비밀문서(I · II · III급)가 있는 경우에는 보안업무규정에 따라 정책자료집을 비밀문서로 분류하여 관리한다.

④ 관련 문서가 일반결재문서와 전자결재문서로 혼재되어 있는 경우에는 전자결재문서를 출력하여 합철한다.

⑤ 수년에 걸쳐 추진되는 정책 또는 사업은 1년 단위로 작성한다.

⑥ 정책 또는 사업이 여러 부서에 관련되는 경우에는 주된 관련과를 지정, 관련 자료를 취합하여 발간한다.

⑦ 대형건설공사 등 기반시설공사 등의 설계도면 또는 참고자료 등이 방대하여 첨부가 사실상 곤란한 경우에는 정책자료집에

서 제외하고, 별도 보존하고, 정책자료집 비망록의 기타 란에 이와 같은 사항을 기재한다.

⑧ 정책자료집의 비망록 아래쪽에 공개여부를 표시한다.

5. 이 관

처리과는 발간된 자료를 1부는 자료관에 제출한다. 1부는 정부기록보존소에 이관한다. 정부기록보존소에 이관 시 이관시기는 정부기록보존소장과 협의한다.

한편 컴퓨터 파일 · 광디스크 · 마이크로필름 · CD 등 전자매체로 이관할 수 있다.

3-3 보도자료의 실명제공

언론기관 등에 보도자료를 배포할 경우 담당부서 · 담당자 · 연락처 등을 다음과 같이 표시하여야 한다.

〈예시〉

(1)

담당부서	○○○ 과
담당자	000, □□□
연락처	031-1234-5678

(2) 자세한 사항은 ○○○ 과, 담당자 000, □□□,
(전화 031-1234-5678)로 연락하여 주시기 바랍니다.

제 4 장

관인관리

4-1 관인의 의의

관인은 기관의 명으로 발송 또는 교부·발행되는 문서에 사용하는 청인과 기관의 장 또는 보조기관의 명의로 발송 또는 교부하는 문서에 사용하는 직인을 총칭하는 말이다.

지방자치단체의 기관이 사용하는 직인 및 청인은 국가기관의 관인에 대하는 개념으로 공인이라는 용어도 사용하고 있으나, 일반적으로 관인이라 하면 공인을 포함한 개념이라 할 수 있다.

또한 공인(公印)이라는 용어는 사인(私印)에 대한 개념으로 사용되는 경우가 있는데, 이 경우의 공인은 관인의 일반적인 개념과 유사하다고 볼 수 있다.

참고로 각급 기관에서 관인과 함께 사용하는 계인(契印)이 있다. 이는 등·초본, 각종 증명서를 발급할 때에 보다 확실한 증명을 위하여 발급대장과 증명서 간에 걸쳐서 찍는 사무용 도장의 한 유형일 뿐 관인이라고는 볼 수 없는 것이다.

4-2 관인의 종류 및 비치

종 류	비 치 기 관
청인	의결기관 · 자문기관 기타 합의제기관
직인	• 합의제기관 이외의 각급 행정기관(독임제행정기관) • 정부조직법 제6조 제2항의 규정에 의하여 위임받은 사무를 행정기관으로서 처리하는 보조기관 • 법령에 의하여 합의제기관의 장으로서 사무를 처리하는 경우의 합의제기관의 장

4-3 특수관인의 종류 및 비치

특수관인은 기관이나 업무의 특수성을 감안하여 규격 · 교부 · 등록 등 관인관리에 필요한 사항을 소관 중앙행정기관의 장이 따로 정하도록 한 관인, 관인의 비치 · 사용에 관하여 국무총리 또는 소속 중앙행정기관의 장의 승인을 받아 따로 비치하여 사용하는 관인을 말한다.

<table>
<tr><th>구 분</th><th>종 류</th><th>관인규정 또는 관인등록기관</th></tr>
<tr><td>특별한 기관에서 사용하는 관인</td><td>• 각급 학교에서 사용하는 관인
• 군기관에서 사용하는 관인
• 검찰기관이 사용하는 관인</td><td>• 소속 중앙행정기관의 장
–국립 및 공립 각급 학교관인 규칙
–국군각기관관인 규격규정
– 검찰청관인관리규칙</td></tr>
<tr><td rowspan="4">특별한 용도에 사용하는 관인(당해 기관의 관인 외 따로 비치사용)</td><td>외부무 및 재외공관에서 외교문서에 사용하는 관인</td><td>• 외교통상부장관
–외무관인규칙</td></tr>
<tr><td>세입징수관·지출관 회계 기타 재무에 관한 사무를 담당하는 공무원의 직인</td><td>• 재정경제부장관
–회계관계공무원 직인규칙</td></tr>
<tr><td>유가증권 기타 특수한 증표발행에 필요한 관인</td><td rowspan="2">• 중앙행정기관
–안전행정부에 등록
• 기타
–직근 상급기관에 등록</td></tr>
<tr><td>• 민원업무 등 특수업무를 처리하기 위한 관인
• 분리된 청사에서 사용하는 관인</td></tr>
</table>

4-4 관인의 규격

관인의 모양은 행정기관의 장이 정하되, 그 크기는 아래의 규격을 초과할 수 없다.

(단위 : cm)

<table>
<tr><th colspan="2">구 분</th><th>한 변의 길이</th></tr>
<tr><td rowspan="2">청인</td><td>• 국무회의</td><td>5.4</td></tr>
<tr><td>• 기타의 합의제기관</td><td>3.6</td></tr>
<tr><td rowspan="3">직인</td><td>• 대통령</td><td>4.5</td></tr>
<tr><td>• 국무총리</td><td>3.6</td></tr>
<tr><td>• 행정기관의 장</td><td>3</td></tr>
</table>

※ 위 길이는 사각형인 경우 한 변의 최대 길이, 원 또는 다각형인 경우에는 최대의 지름 또는 대각선을 말한다.

4-5 관인의 조각 및 사용

1. 재 료

관인의 재료는 쉽게 마멸되거나 부식되지 아니하는 재질을 사용한다.

2. 인 영

① 관인의 인영은 한글 전서체로 하여 가로로 새기되, 그 기관 또는 직위의 명칭에 "인" 또는 "의인"자를 붙인다.

〈예시〉

안전행정 부장관인	동 원 대학 총 장 의 인

② 민원업무 등 특수업무를 처리하기 위한 관인은 그 업무의 집행을 위해서만 사용되는 것임을 그 인영에 명시한다.

〈예시〉

안전행정 부장관인	기 상 청 장 의 인
교육훈련용	제2청사전용
(민원사무용)	(분리된 청사용)

3. 찍는 위치

관인은 그 기관 또는 직위의 명칭의 "끝"자가 인영의 가운데 오도록 찍는다. 다만, 등·초본 등 민원서류를 발급하는 직인의 경우에는 발급기관장 표시의 오른쪽 여백에 찍을 수 있다.

〈예시〉

서 울 특 별 시 [장]

4. 인영의 인쇄사용

1) 대상문서

관인을 찍어야 할 문서로서 다수의 수신자에게 동시에 발신 또는 교부하는 문서에는 관인날인에 갈음하여 관인의 인영을 당해 문서에 인쇄하여 사용할 수 있다.

2) 인쇄사용 협의

관인의 인영을 인쇄하여 사용하고자 할 때에는 처리과의 장은 인쇄용도·인쇄량·인쇄관인규격 등에 관하여 관인 관리부서의 장과 사전협의를 한 후 기관장의 승인을 얻어야 한다.

3) 축소인쇄

인영을 인쇄할 때에는 당해 관인의 규격대로 인쇄하여야 하나, 업무수행에 지장이 없다고 인정되는 때에는 문서의 크기나 용도에 따라 인영의 크기를 적절히 축소 인쇄하여 사용할 수 있다.

4) 인쇄용지 사용내역 기록 · 유지

관인의 인영을 인쇄하여 사용하는 처리과의 장은 다른 법령에 특별한 규정이 없는 한 관인인쇄용지관리대장(규격 별지 제26호 서식)을 비치하여 그 사용내역을 기록 · 유지하고, 인쇄용지가 용도 외로 잘못 사용되거나 유실되지 않도록 관리한다.

4-6 관인인영의 색깔

관인을 찍는 인영의 색깔은 빨간색으로 한다.

다만, 전자문서를 출력하여 시행하거나 모사전송기를 통하여 문서를 접수하는 경우에는 검정색으로 할 수 있다.

4-7 관인의 등록 및 재등록

1. 등록 및 재등록 사유

① 행정기관이 신설 또는 분리된 경우

② 기존기관의 명칭이 변경된 경우

③ 관인을 분실한 경우

④ 관인이 마멸된 경우

⑤ 법령에 의하여 권한을 위임받은 경우

⑥ 기타 관인을 다시 새길 필요가 있는 경우 등

2. 등록(재등록)기관

행정기관은 관인의 인영을 당해 행정기관의 관인대장, 전자이미지관인의 인영을 당해 행정기관의 전자이미지관인대장에 각각 등록(재등록)하여야 한다. 다만, 제3차 소속기관은 당해 행정기관에서 등록(재등록)하는 것이 원칙이나, 직근 상급기관에서 등록(재등록)할 수 있다.

등록(재등록) 대상기관	등록(재등록)기관
모든 행정기관	당해 행정기관
제3차 소속기관	당해 행정기관 또는 직근 상급기관

※ 제3차 소속기관 기준 : 중앙행정기관을 "0", 시 · 도를 "제1차", 시 · 군 · 구를 "제2차", 읍 · 면 · 동을 "제3차"로 했을 경우에 기준임.

3. 등록절차

1) 등록신청(제3차 소속기관인 경우만 해당됨)

제3차 소속기관이 직근 상급기관(제2차 소속기관을 말함)에 관인을 등록 또는 재등록하고자 할 때에는 관인등록(재등록)신청서(사무관리규정 시행규칙 별지 제25호 서식)1부를 작성하여 등록기관에 신청한다.

2) 등 록

(1) 직근 상급기관(제2차 소속기관)

직근 상급기관(제2차 소속기관)이 관인등록신청서를 접수한 때에는 등록 대상기관인지의 여부, 관인의 종류 및 규격 등을 심사한 후 등록하되, 그 인영을 관인대장(별지 제24호 서식) 또는 전자이미지관인대장(별지 제25호의 2서식)에 등록하여 보존한다.

(2) 각급 행정기관(제3차 소속기관이 아닌 행정기관)

각급 행정기관(제3차 소속기관이 아닌 행정기관)은 당해 행정기관의 관인대장 또는 전자이미지관인대장에 등록하여 보존한다.

관인은 등록하지 아니하면 이를 사용하지 못하도록 되어 있다.

4. 전자이미지관인의 등록 및 관리

① 각급 행정기관은 전자문서에 사용하기 위하여 전자이미지관인을 가질 수 있으며, 전자이미지관인은 관인을 전자입력하여 사용한다.

② 전자이미지관인을 등록(재등록)하는 행정기관은 별지 제25호의 2서식의『전자이미지관인대장』에 의하여 문서과에 등록(재등록)하고, 특별한 사유가 있는 경우를 제외하고는 문서과가 전자이미지관인대장을 관리하며, 정보화담당부서가 전자이미지관인을 컴퓨터 파일로 관리하여야 한다. 이 경우 행정기관의 장은 전자이미지관인을 위조 또는 부정사용하지 못하도록 필요한 조치를 하여야 한다.

③ 제3차 소속기관이 직근 상급기관에 전자이미지관인을 등록(재등록)하고자 하는 때에는 별지 제25호 서식의 전자이미지관인 등록(재등록)신청서에 의하여 등록신청을 하여야 한다.

④ 문서과의 장은 전자이미지관인을 등록하는 경우에 일반관인의 인영을 전자이미지관인대장의 해당란에 찍고, 그 찍은 인영을 전자적인 이미지 형태로 컴퓨터 파일에 등록한 후 이를 출력하여 전자이미지관인대장의 해당란에 붙여야 한다.

⑤ 전자이미지관인을 사용하는 기관은 관인을 재등록하는 경우 즉시 사용 중인 전자이미지관인을 삭제하고, 재등록한 관인의 인영을 전자이미지관인으로 전환하여 사용한다.

⑥ 전자이미지관인을 사용하는 기관은 사용 중인 전자이미지관인의 인영의 원형이 제대로 표시되지 아니하는 경우 전자이미지관인을 재등록하여 사용하여야 한다.

4-8 관인의 폐기

1. 폐기사유

① 관인을 분실한 경우

② 관인이 마멸된 경우

③ 행정기관이 폐지된 경우

④ 행정기관의 명칭이 변경된 경우

⑤ 기타 관인을 폐기할 필요가 있는 경우

2. 폐기 또는 폐기신고

1) 폐 기

관인등록기관(제3차 소속기관 제외)이 관인을 폐기하고자 하는 때에는 관인대장에 관인폐기내역을 기재하고, 그 관인을 정부기록보존소(시 · 군 및 자치구는 공공기관의 기록물관리기관에 관한 법률 제7조의 규정에 의한 지방기록물관리기관을 말한다)에 관인폐기공고문과 함께 이관하여야 한다. 정부기록보존소 또는 지방기록물관리기관은 폐기된 관인이 잘못 사용되거나 유출되지 아니하도록 하여야 한다. 직근 상급기관이 제3차 소속기관으로부터 관인폐기신고를 받은 경우에도 또한 같다.

2) 폐기신고

제3차 소속기관이 관인을 폐기하고자 하는 때에는 관인폐기신고서(별지 제25호서식)에 폐기대상관인을 첨부하여 관인등록기관(직근 상급기관)에 신고한다.

3. 폐기관인의 등록

관인등록기관은 관인폐기내용 및 관인폐기 신고내용을 관인대장에 기재한 후 그 관인의 인영을 등록하여 보존한다.

4. 폐기방법

① 일반관인은 실제로 소각 등의 방법으로 폐기하지 않고 관인대장에 폐기내역을 기재하고, 그 관인을 정부기록보존소 또는 지방기록물관리기관에 관인폐기공고문과 함께 이관하는 것으로 폐기에 갈음한다.

② 관인의 분실, 관인의 마멸 등의 폐기사유에 해당되어 일반관인을 재등록하는 경우와 전자이미지관인의 원형이 제대로 표시되지 아니한 경우에는 즉시 사용 중인 전자이미지관인은 컴퓨터 파일에서 삭제한다.

5. 폐기대상관인의 보존

폐기대상관인은 실제로 폐기하지 않고 관인대장에 폐기내역을 기재하며 정부기록보존소 또는 지방기록물관리기관에 관인폐기공고문과 함께 이관하여 역사적인 보존물로 영구보존한다.

4-9 관인공고

1. 공고사유

① 관인을 등록 또는 재등록한 경우

② 관인을 폐기한 경우

2. 공고시기 및 절차

관인등록기관은 관인을 등록·재등록 또는 폐기한 때에는 지체없이 안전행정부장관(법무담당관)에게 관보게재를 의뢰하여 공고하여야 한다. 지방자치단체는 도보·시보·군보 등에 게재를 의뢰하여 공고하여야 한다.

※ 관인을 폐기하고 재등록받을 경우에는 재등록공고와 폐기공고를 함께 할 수 있다.

3. 공고내용

① 관인의 등록·재등록 또는 폐기사유

② 등록·재등록관인의 최초 사용년월일 또는 폐기관인의 폐기년월일

③ 등록 · 재등록 또는 폐기관인의 관인명 및 인영
④ 공고기관의 장

4. 전자이미지관인의 공고

관인등록기관은 전자이미지관인을 등록 · 재등록한 때에는 전자이미지관인임을 표시하여 공고하여야 한다.

제 5 장

보고사무

5-1 보고사무의 개요

보고란 상하계층간이나 국방부 직할부대 및 기관 상호간에 법령의 규정 또는 지시나 명령에 의하여 구두·전화·전신 또는 서면 등으로 일정한 의사 또는 자료를 전달하는 것을 말한다.

그러나 일반적으로 "보고"란 하급자(기관)가 상급자(기관)에게, 즉 수직적인 관계에서 일정한 의사를 전달하는 과정을 의미하는 것이다. 따라서 동일직급의 동료 간이나 동급의 부서 간, 또는 동급의 기관 간 등 수평적인 관계에서의 일정한 의사전달시는 "통보" 또는 "전달"이라는 용어를 많이 시용하고 있다.

1. 보고의 목적

① 관리층의 정책결정·방침설정을 위한 상황파악

② 사업추진상황을 확인하여 합리적인 통제·조정

2. 보고의 기능

① 하부직원 또는 하위기관의 활동상황에 대한 정보제공

② 조직목표달성을 위한 기본지침의 수립을 위한 정보제공

③ 각종 계획의 달성에 필요한 정보의 제공

④ 업무처리상의 문제점 발견 및 시정의 계기조정

3. 보고의 필요성

① 정책수립의 기초자료

② 사업지원 또는 사업결과 평가를 위한 자료

③ 어떤 특정사항의 존재유무를 확인하기 사실확인

④ 업무의 독려 및 촉구를 위하여 자료

⑤ 업무협조를 위한 기초자료

4. 보고의 원칙

① 필요성의 원칙 : 보고는 용도를 분명하게 하고, 이용목적에 합치되도록 하여야 한다.

② 완전성의 원칙 : 정확한 자료수집을 통하여 관련된 사실을 정리하여야 한다. 아울러 이에 근거한 보고 작성상 책임한계를 명확히 하여야 한다.

③ 적시성(適時性)의 원칙 : 보고시기의 적절성, 외부정보의 신속한 수집, 업무발생 후의 신속한 보고 등을 통한 시의적절성이 요구된다.

④ 정확성의 원칙 : 사안의 공정하고 정확한 판단을 위해 독단과 편견을 배제하고 정확하게 작성한다.

⑤ 경제성의 원칙 : 보고서 작성에 소요되는 시간 · 인력 · 비용 등을 고려한 경제성을 고려하여야 한다.

⑥ 유효성의 원칙 : 업무의 통제, 방침 등의 결정을 위한 가치 있는 보고자료가 되어야 한다. 즉 보고받는 사람이 어떤 조치를 취하는데 유용하게 작성되어야 한다.

⑦ 간결성의 원칙 : 보고는 그 내용을 간결한 형식으로 요약하고, 이해하기 쉬운 방법으로 표현하여야 한다.

5. 보고의 유형

1) 용도에 의한 보고

① 정보보고(information report) : 계획과정에서의 보고를 말한다.

② 통제보고(control report) : 통제과정에서의 보고를 말한다.

2) 형식에 의한 보고

① 구두보고 : 면담에 의한 보고, 전화 등 유·무선 통신기기에 의한 보고 등을 말한다.

② 서면보고 : 문장에 의한 보고, 통계표 또는 도표에 의한 보고를 말한다.

③ 전산망에 의한 보고 : 메일, 기타 통신기기에 의한 보고가 이에 해당한다.

3) 내용에 의한 보고

현황보고, 계획보고, 실시보고, 결과보고, 조사보고, 연구보고 등이 이에 해당한다.

4) 시기에 의한 보고

① 정기보고 : 즉보, 일보, 주보, 순보, 반월보, 월보, 기보, 반년보, 연보 등으로 구분할 수 있다.

② 수시보고

5-2 보고심사제도

1. 보고심사의 목적

보고업무를 효율적으로 운용함으로써 신속·정확한 보고체제를 확립하고, 불필요한 보고를 억제하여 효과적인 업무수행을 도모하는데 있다. 그리고 하급기관 및 민간기관의 업무부담을 줄여 생산성 제고에 기여하는 데 있다.

2. 적용범위

중앙행정기관(대통령 및 국무총리직속기관을 포함), 중앙행정기관의 소속기관, 지방자치단체의 기관 및 군(軍)의 기관 상호간에 행하여지는 보고에 적용한다.

행정기관이 공공단체·사기업체·민간단체로부터 받고자 하는 보고가 이에 해당한다. 다만, 보고사무에 대하여 다른 법령에 특별한 규정이 있는 경우와 군사에 관한 보고심사에 관하여는 관계 기관 중앙행정기관이 따로 정할 수 있다.

3. 보고심사

1) 보고심사대상

행정기관이 소관업무, 정책방향, 시책의 설정 및 계획수립과 집행, 소속기관에 대한 지휘·감독 및 기타 행정목적 수행을 위하여 다음의 기관으로부터 서면 또는 전산망으로 보고를 받는 내용이 대상이다.

① 중앙행정기관 또는 그 소속기관이 다른 행정기관으로부터 받는 보고

② 지방자치단체가 다른 지방자치단체로부터 받는 보고

③ 교육행정기관이 동급 또는 하급기관(각급 학교를 포함한다)으로부터 받는 보고

2) 보고심사기준

정기보고를 지정하거나 수시보고에 대한 보고심사를 할 경우에는 다음 기준에 의하여 심사하고, 그 결과를 지체없이 당해 기관에 통보하여야 한다.

① 보고목적의 타당성, 다른 보고와 중복여부

② 보고기일 또는 보고주기의 타당성

③ 보고 작성기관의 적정성

④ 보고서식의 합리성

⑤ 표본조사 가능성 등

⑥ 보고내용의 정확성

3) 수시보고 심사기준

① 보고심사 요구문서의 결재의 타당성 여부 : 당해 기관장의 직근 하급 공무원 이상(국장급 공무원이 있는 기관은 국장)의 결재 여부

② 보고기일 또는 보고회수의 타당성 여부

③ 보고내용 작성의 용이성 및 정확성 여부

4) 심사제외대상

① 법령해석을 의뢰하는 경우나 질의응답
② 인원차출이나 표창추천을 요구하는 경우
③ 유인물 · 책자 및 수령증 등의 송부
④ 전문기관에 화학적 · 물리적 시험의뢰
⑤ 각종 위원회의 위원위촉에 따른 동의 · 조회 및 신원조회
⑥ 범죄수사 및 소송수행에 필요한 보고 또는 자료
⑦ 감사원법에 의한 회계검사 및 직무감찰에 관한 보고와 감사원의 실지감사 및 현지조사시 필요한 보고 또는 자료 또는 법령에 의하여 중앙행정기관이 다른 행정기관에 요구하는 감사자료 및 감사결과 보고
⑧ 대공정보 및 첩보활동 그리고 작전 · 경비 및 경계에 관한 보고
⑨ 보안업무규정에 의하여 비밀로 분류된 보고
⑩ 외교관계의 수립 · 국제입찰 및 외국차관 등 긴급한 국제관계에 관한 보고
⑪ 위험한 재해(화재 · 풍수해 · 설해 및 한해 등) 및 질병에 관한 사항으로 긴급을 요하는 보고
⑫ 국회 또는 지방의회의 의결에 의하여 요구한 자료에 대한 보고
⑬ 정기보고의 보고기일 또는 보고주기 등을 완화하거나 보고내용을 축소하는 보고
⑭ 통계법에 의한 통계보고
⑮ 기타 안전행정부장관이 특별히 정하는 보고

4. 보고기일

1) 정기보고의 보고기일

사무관리규정 별표 2 참조

2) 수시보고의 보고기일

수시보고의 보고기일은 보고기관의 범위, 보고내용, 작성의 소요시간 및 난이도 등을 고려하여 정하되, 보고문서 발송일로부터 최소한 다음 기일을 부여하여야 한다.

① 중앙행정기관 상호간 : 5일

② 중앙행정기관과 제1차 소속기관 : 7일

③ 제1차 소속기관과 제2차 소속기관 간 : 7일

④ 제2차 소속기관과 제3차 소속기관 간 : 5일

〈예시〉

안전행정부에서 지방자치단체의 보고를 받는 경우 최소 소요시간
안전행정부 —7일→ 시 · 도 —7일→ 시 · 군 —5일→ 읍 · 면 · 동 (19일)

3) 보고기일의 단축

전신 · 전화 · 또는 정보통신망을 사용하는 보고와 특별한 사유가 있는 경우에는 보고심사관*의 승인을 얻어 지정된 보고기일을 단축할 수 있다.

* 보고심사관은 중앙보고심사관과 각급 행정기관에서 운용하는 자체보고심사관으로 운영되고 있다. 그리고 청사 분리 등 특별한 사유가 있는 경우 분임자체보고심사관을 둘 수 있도록 했다.

4) 보고기일의 지연

보고기일 내에 보고가 불가능한 경우에는 그 보고기일 이전에 그 보고예정일과 지연사유를 보고요구기관에 통보하여야 한다.

5-3 정기보고

1. 안전행정부령 정기보고

1) 의 의

보고의 주기, 보고의 서식, 최초작성기관, 최종수보기관 등을 안전행정부령(사무관리규정 시행규칙)으로 지정한 보고를 말한다.

2) 지정권자 및 지정대상

정기보고의 지정권자는 안전행정부장관으로 하며, 그 지정대상은 다음과 같다.

① 중앙행정기관이 그 소속기관을 제외한 다른 행정기관 및 민간단체로부터 정기적으로 받고자 하는 보고가 해당된다.

② 중앙행정기관의 소속기관이 중앙행정기관으로부터 정기적으로 받고자 하는 보고가 대상이 된다.

3) 지정절차

① 안전행정부장관은 정기보고정비지침을 작성하여 중앙행정기관에 통보한다.

② 중앙행정기관의 자체보고심사관은 첫째, 각 처리과 및 소속기관으로부터 정기보고 지정신청(폐지 · 조정사항 포함)을 받아, 시행규칙 별지28호 서식의 정기보고 지정신청서 1부 및 항목심사서 1부와 보고서식 2부를 작성하여 안전행정부장관에게 일괄 지정하여 신청한다.
둘째, 안전행정부장관은 중앙행정기관의 장으로부터 받은 정기보고 지정신청을 심사 · 조정하여 법제처에 심사, 의뢰한다.
셋째, 법제처의 심사가 완료되면 법령 공포절차에 따라 공포한다.

2. 훈령지정 정기보고

1) 의 의

보고의 주기, 보고의 서식, 최초작성기관, 최종수보기관 등을 훈령으로 지정한 보고를 말한다.

2) 지정대상 및 지정권자

지정대상 정기보고	지정권자
• 중앙행정기관이 그 소속기관으로부터 받는 정기보고 • 중앙행정기관의 소속기관이 중앙행정기관을 제외한 행정기관 및 민간단체로부터 받는 정기보고	당해 중앙행정기관의 장
지방자치단체가 다른 지방자치단체로부터 받는 정기보고	안전행정부장관
교육행정기관이 동급 또는 하급기관으로부터 받는 정기보고	교육부장관

3) 지정절차

① 중앙행정기관, 중앙행정기관의 소속기관, 지방자치단체 및 교육행정기관의 장은 소속 처리과로부터 정기보고 지정신청을

받는다.

② 소속기관, 지방자치단체 및 교육행정기관의 자체보고심사관은 첫째, 소속 처리과로부터 정기보고 지정신청을 받아 심사·조정1부 및 항목심사서 1부와 보고서식 2부를 첨부하여 소속 중앙행정기관의 장에게 일괄 지정하여 신청한다*.

③ 소관 중앙행정기관의 장은 신청받은 정기보고사항을 심사·조정·취합하여 훈령으로 지정·시행한다.

④ 지정된 정기보고에 대하여는 존치의 필요가 없다고 인정되는 때에는 이를 폐지하여야 한다.

5-4 수시보고

1. 의 의

보고주기, 보고의 서식 등이 일정하게 정하여져 있지 않고 상황의 변동에 따라 수시로 요구하는 보고를 말한다. 이에는 안전행정부의 중앙보고심사관의 심사를 받는 중앙심사수시보고와 각급 행정기관의 자체보고심사관의 심사를 받는 자체심사수시보고가 있다.

2. 중앙보고심사

1) 중앙보고심사관과 심사대상

중앙보고심사관은 중앙보고심사업무를 담당하는 과(課)의 장이

* 시·도는 안전행정부에, 시·도교육청은 교육부에 일괄 신청한다.

된다. 그리고 그 심사대상은 첫째는 중앙행정기관이 그 소속기관을 제외한 행정기관 및 민간단체로부터 받는 수시보고, 둘째로 중앙행정기관의 소속기관이 중앙행정기관으로부터 받는 수시보고가 있다.

2) 중앙보고심사절차

각급 행정기관의 처리과(수시보고심사신청부서)의 장이 중앙보고심사를 받고자 하는 내용을 검토한 후, 사무관리규정 시행규칙 별지 제28호 서식의 수시보고심사신청서를 작성하여 자체보고심사관의 사전협의를 받는다. 이 경우 자체보고심사관은 심사신청서의 심사기준에 의하여 심사한 후 문제점이 없을 때 기안문의 협조란에 서명한다.

자체보고심사관의 협의를 받은 보고요구문서는 당해 기관의 장의 직근 하급 공무원(국장급 공무원이 있는 기관은 국장) 이상의 결재를 받는다.

결재를 받은 보고요구문서는 중앙보고심사관에게 다음과 같은 서류를 작성하여, 제출한다.

① 수시보고심사신청서(별지 제28호 서식) 1부

② 수시보고심사요약서 1부

③ 보고서식 2부

한편 중앙보고심사관은 접수된 보고요구문서에 대하여 심의한 후 심사신청서에 보고심사표시를 하고, 심의가 완료된 보고요구문서에 대하여 별표 18의 예시와 표시위치에 관한 사항을 기재한 결과를 통보하여야 한다.

그리고 각급 행정기관의 처리과(수시보고심사신청부서)의 장은 중앙보고심사를 받은 후 수시보고를 요구하는 때에는 기안문 및 시행문의 본문의 첫째 항목에 별표 18의 규정에 의한 수시보고심사의 표시를 하여야 한다.

3) 수시보고심사(자체보고심사 포함)의 표시

① 중앙심사 : 중앙수시 안전행정부 - 5( ) 2014. 7. 1.

② 자체심사 : 자체수시 전라남도 - 7( ) 2015. 3. 1.
자체수시 순천시 - 8( ) 2016. 8. 1.

※ 5, 7, 8 → 연도별 일련번호
2014. 7. 1.(2015.3.1., 2016,8.1) → 심사일자
( ) → 최초작성기관(0, 1, 2, 3으로 기재)

〈최초작성기관 표시〉

최초작성기관	표시기호	비 고
중앙행정기관일 때	0	
제1차 소속기관일 때	1	시 · 도, 시 · 도교육청, 지방국세청
제2차 소속기관일 때	2	시 · 군 · 구, 지역교육청, 세무서
제3차 소속기관일 때	3	읍 · 면 · 동, 각급 학교, (세무서)지서

예 최초 작성기관이 "읍 · 면 · 동"일 경우 "3"이라 표시한다.

3. 자체보고심사

1) 자체보고심사관과 심사대상

당해 행정기관의 보고관계 업무를 담당하는 과의 장이 된다. 그리고 그 심사대상은 첫째, 중앙행정기관의 소속기관이 중앙행정기관을 제외한 행정기관 및 민간단체로부터 받는 수시보고와 지방자치단체가 다른 지방자치단체으로부터 받는 수시보고 및 교육행정기관이 동급 또는 하급기관으로부터 받는 수시보고가 해당된다.

아울러 중앙행정기관이 지방자치단체 또는 관련 민간단체에 국비부담금 또는 보조금 등을 지원하는 사업의 계획 · 진도 · 결과에 대한 수시보고는 물론 민원사무처리를 위한 수시보고와 대통령직속기관이 받는 수시보고 등이 있다.

2) 자체보고심사절차

처리과의 장은 사무관리규정 시행규칙 별지 제28호 서식의 수시보고심사신청서 1부, 수시보고심사요약서 1부와 보고서식 2부를 작성하여, 결재를 마친 보고요구문서의 기안문 및 시행문과 함께 자체보고심사관에게 제시하여 심사를 신청한다.

자체보고심사관은 심사신청서의 심사기준에 따라 심사하여 심사결과를 심사신청서에 기록하고 승인 · 조정승인 · 불승인으로 구분한다.

당해 보고요구문서를 심사한 경우에는 심사신청서에 보고심사표시를 하고, 심의가 완료된 보고요구문서에 대하여 별표 18의 예시와 표시위치에 관한 사항을 기재한 결과를 처리과의 장에게 통보하여야 한다. (위 수시보고심사 표시 참조)

한편 각급 행정기관의 처리과(수시보고심사신청부서)의 장은 자체보고심사를 받은 후 수시보고를 요구하는 때에는 기안문 및 시행문의 본문 첫째 항목에 별표 18의 규정에 의한 수시보고심사의 표시를 하여야 한다.

5-5 보고요구문서 및 보고문서의 시행

1. 보고요구문서 및 보고문서의 표시

① 보고요구문서 또는 보고문서를 시행할 때에는 처리과는 기안문 및 시행문에 사무관리규정 시행규칙 별표 18에 따른 표시를 하여야 한다.

② 전신 · 전신타자 · 전화 등으로 보고요구문서 및 보고문서를 시행할 때에는 보고심사일자와 보고심사번호 또는 정기보고지정번호를 송신하여야 한다.

〈정기보고 지정번호, 수시보고심사 및 보고심사제외 근거의 표시 [별표 18]〉
(제65조5항, 제69조제2항 내지 제4항 관련)

보고구분	표시할 사항 및 표시요령	표시 예시	표시 위치
1. 안전행정 부령 지정 정기보고 2. 훈령지정 정기보고	고유기호 공문서수신처기호-일련번호	정기보고의 지정(부령 안전행정부-1)과 관련됩니다. 1. 정기보고의 지정(부령민 안전행정부-1)과 관련됩니다. 1. 정기보고의 지정(부령 공통-1)과 관련됩니다. 1. 정기보고의 지정(훈령 안전행정부-1)과 관련됩니다. 1. 정기보고의 지정(훈령민 안전행정부-1)과 관련됩니다. 1. 정기보고의 지정(훈령 공통-1)과 관련됩니다.	본문의 첫째 항목에 표시한다.
3. 수시보고	※ 아래 "수시보고 심사의 표시방법"에 따른다.	1. 2020. 7. 1. 중앙수시 안전행정부-1(3)과 관련됩니다. 1. 2019. 7. 1. 자체수시 전라남도-1(2)과 관련됩니다.	본문의 첫째 항목에 표시한다.
4. 보고심사 제외 대상 보고(영 제43조제2항)	심사제외 근거규정	1. 사무관리규정 제43조제2항제5호 (보고심사제외 근거)와 관련됩니다.	본문의 첫째 항목에 표시한다.

※ 수시보고심사의 표시방법

구 분	표 시 사 항
중앙심사수시보고	심사일자 중앙수시 행정기관명-일련번호( )
자체심사수시보고	심사일자 자체수시 행정기관명-일련번호( )

비고 : ( ) 안에는 최초 작성기관을 표시하며, 다음의 구분에 따라 그 숫자를 기입한다.

1. 최초 작성기관이 중앙행정기관인 경우 0
2. 최초 작성기관이 제1차 소속기관인 경우 1
3. 최초 작성기관이 제2차 소속기관인 경우 2
4. 최초 작성기관이 제3차 소속기관인 경우 3

2. 보고의 독촉과 절차

보고요구기관의 장은 보고가 소정의 기일까지 도달되지 아니한 때에는 다음의 절차에 의하여 독촉할 수 있다.

보고요구기관의 처리과에서 행하되, 독촉장은 사무관리규정 시행규칙 별지 제30호 서식에 의한다.

① 제1차 독촉 : 보고기일 후 5일이 경과하여도 보고가 도달되지 아니한 때

② 제2차 독촉 : 제1차 독촉장에 명시된 보고기일 후 5일이 경과하여도 보고가 도달되지 아니한 때

③ 제3차 독촉 : 제2차 독촉장에 명시된 보고기일 후 5일이 경과하여도 보고가 도달되지 아니한 때

④ 제3차 독촉장을 받은 보고기관의 장은 보고지연의 책임이 있는 관계공무원에 대하여 법령이 정하는 바에 따라 징계 기타 필요한 조치를 하여야 한다.

3. 독촉기일의 부여

독촉장을 발부하는 경우에는 최소한 3일 이상의 보고기일을 부여한다.

제 6 장

협조사무

6-1 기관 간 협조사무의 의의와 목적

1. 의 의

기관 간 협조사무란 행정기관이 업무를 처리함에 있어서 그 업무를 직접 담당하는 기관과 그 업무에 관계되는 다른 기관의 공동목적달성을 위한 쌍방의 노력으로 협의에 의하여 관련 사항의 상호균형과 조화를 유지하도록 하는 것을 말한다.

2. 목 적

효율적인 기관 간 협조사무체제를 통하여 조직간 업무의 일관성과 연계성을 확보함으로써 사무가 효율적으로 수행되도록 하는 한편, 정부 또는 기업에 대한 국민의 신뢰도를 제고하여, 종합적이고 균형있는 국가발전을 도모하기 위한 것이다.

6-2 협조사무의 대상

1. 적용대상 기관과 협조대상 사무(업무)

중앙행정기관 및 그 소속기관, 지방자치단체의 기관, 군의 기관 등이 이에 해당되며, 협조대상 사무(업무)는 다음과 같다.

① 2 이상의 행정기관이 공동으로 행하는 것이 필요한 경우

② 다른 행정기관의 행정지원을 필요로 하는 경우
③ 다른 행정기관이나 상급기관의 인가·승인 등을 거쳐야 하는 경우
④ 기타 다른 행정기관의 협의·동의 및 의견조회 등이 필요한 경우

특히 다음과 같은 사무는 필수 협조사항이다.
① 정부의 중·장기계획에 관한 사항
② 국민생활에 직접적인 영향을 미치는 사항
③ 대규모투자·개발사업, 공공요금 결정사항 등에 관한 사항
④ 다수 국민의 관심이 높고 이해가 상충되는 사항
⑤ 업무가 다수 기관에 관련되어 의견조정 등이 필요한 사항 등

6-3 협조사무의 종류

1. 지정협조

1) 지정대상 및 지정권자

구 분	지 정 대 상	지정권자
안전행정부령 지정협조	• 중앙행정기관에서 다른 중앙행정기관에 요청하는 업무협조 • 지방자치단체가 중앙행정기관에 요청하는 업무협조	안전행정부장관
훈령 지정협조	중앙행정기관의 소속기관이 중앙행정기관에 요청하는 업무협조	협조요청을 받은 중앙행정기관의 장
	각급 행정기관이 중앙행정기관의 소속기관에 요청하는 업무협조	협조요청을 받은 기관의 소속 중앙행정기관의 장
	각급 행정기관이 지방자치단체 또는 교육행정기관에 요청하는 업무협조	안전행정부장관 또는 교육부장관

2) 지정절차

(1) 안전행정부령 지정협조

안전행정부령으로 협조사무를 지정받고자 하는 기관은 지정협조 지정신청서(사무관리규정 시행규칙 별지 제33호 서식)1부를 작성하여 안전행정부장관에게 제출한다.

안전행정부장관은 지정신청기관으로부터 지정신청을 받은 때에는 이에 대하여 관계기관(협조처리기관)과 협조여부에 관하여 협의하여, 규칙 별표 20의 “지정협조의 목록”을 정비한 다음 사무관리규정 시행규칙개정안을 법제처에 심사, 의뢰한다.

법제처는 법령개정안을 심사하여 확정한다.

안전행정부장관은 법령심의안을 공포절차에 따라 공포 · 시행한다.

(2) 훈령 지정협조

훈령으로 협조사무를 지정받고자 하는 기관은 지정협조지정신청서(사무관리규정 시행규칙 별지 제33호 서식) 1부를 작성하여 지정권자인 소관 중앙행정기관의 장에게 제출한다.

소관 중앙행정기관의 장은 관계기관(협조처리기관)과 당해 사안에 대한 협조여부에 관하여 협의한 후, 지정권자는 훈령을 제정 또는 개정하고 안전행정부에 관보게재를 의뢰하거나 관계기관(협조요청기관 및 협조기관)에 그 내용을 통보한다.

3) 지정협조목록의 정비

(1) 정비기준

구 분	정 비 기 준
폐 지 (삭제)	• 행정여건의 변화로 업무협조의 필요성이 소멸된 경우 • 조직관계법령이 폐지되어 당해 업무협조와 관련된 기관이 소멸된 경우 • 개별법령에서 협조요청사항 · 협조의무사항 등에 관하여 구체적이고 명백하게 규정한 경우 등
변 경 (조정)	• 처리기간이 현실적으로 불합리하게 설정된 경우 • 협조사무명이 업무내용에 비추어 부적합한 경우 • 협조요청기관 또는 협조기관이 적절하지 못한 경우

(2) 정비절차

지정협조목록을 변경 · 폐지하고자 할 때에는 지정협조변경(폐지) 신청서(사무관리규정 시행규칙 별지 제34호 서식) 1부를 작성하여 "2) 지정절차"의 경우와 같이 처리한다.

(3) 존치의 필요성 검토

지정권자는 지정협조사항을 그 존치의 필요성 여부를 검토하여 이를 정비하여야 하며, 협조업무를 지정하거나 이를 정비할 때에는 관계기관 사이에 충분한 협의를 거쳐야 한다.

2. 수시협조

수시협조의 요건은 다음과 같다.

① 당해 협조사무가 지정협조로 지정된 사항이 아닐 것

② 협조사무에 소유되는 처리기간을 확정할 수 있을 것

③ 당해 협조사안을 처리할 협조기관이 명확할 것
④ 법령에 협조요청사항 또는 협조의무사항에 관하여 명확하고 구체적인 규정이 없을 것
⑤ 기타 당해 업무의 효율적 수행을 위하여 관계기관의 협조사무가 필요할 것

3. 수시협조결정

당해 업무를 처리하기 위하여 관계기관의 협조가 필요한 경우에는 협조심사관의 검토·심사를 받아 시행하여야 한다.

6-4 협조번호

1. 협조번호의 종류

1) 지정번호

안전행정부령 또는 훈령으로 지정된 업무협조에 부여하는 번호를 말하며 해당 지정권자가 부여한다.

2) 수시심사번호

문서에 의하여 행하는 수시협조에 부여하는 번호를 말하며, 각급 행정기관의 협조심사관이 수시협조문서를 심사한 후 부여한다.

2. 번호부여의 방법

1) 안전행정부령 지정협조의 경우

① 고유기호 "부령협" 다음에 업무협조를 하여야 할 행정기관의 명칭을 적고, 붙임표(–)로 일련번호를 이어 기재한 번호로 한다.
② 다수 기관이 공통으로 협조하여야 할 사항인 때에는 고유기호 "부령협 공통" 다음에 붙임표(–)로 일련번호를 이어 기재한 번호로 한다.

2) 훈령 지정협조의 경우

① 고유기호 "훈령협" 다음에 훈령을 발하는 행정기관의 명칭을 적고, 붙임표(–)로 일련번호를 이어 기재한 번호로 한다.
② 다수 기관이 공통으로 협조하여야 할 사항인 때에는 고유기호 "훈협 공통"다음에 붙임표(–)로 일련번호를 이어 기재한 번호로 한다.

3) 수시협조의 경우

고유기호 "수시협" 다음에 수시협조요청을 하여야 할 행정기관의 명칭을 적고, 붙임표(–)로 일련번호를 이어 기재한 번호로 한다.

4) 협조구분별 표시 예시

협조구분별 표시할 사항, 표시요령 및 예시는 다음과 같다.

〈지정협조 지정번호 및 수시협조심사의 표시 [별표 21]〉

(제80조 제3항 및 제81조 제2항 · 제3항 관련)

<table>
<tr><th>협조구분</th><th>표시할 사항 및 표시요령</th><th>표시 예시</th><th>표시 위치</th></tr>
<tr><td>1. 안전행정부령지정 협조</td><td rowspan="2">• 고유기호 행정기관명-일련번호
• 고유기호 공통-일련번호</td><td rowspan="2">1. 지정협조의 지정(부령협 안전행정부-1)과 관련됩니다.
1. 지정협조의 지정(부령협 공통-1)과 관련됩니다.
1. 지정협조의 지정(훈령협 안전행정부-1)과 관련됩니다.
1. 지정협조의 지정(훈령협 공통-1)과 관련됩니다.</td><td rowspan="2">본문의 첫째 항목에 표시한다.</td></tr>
<tr><td>2. 훈령지정 협조</td></tr>
<tr><td>3. 수시협조</td><td>행정기관명-일련번호(처리기간)</td><td>1. 수시협 안전행정부-1(7일)과 관련됩니다.
1. 수시협 전라남도-1(20일)과 관련됩니다.</td><td>본문의 첫째 항목에 표시한다.</td></tr>
</table>

5) 관련 문서의 번호

다음에 해당하는 경우에는 협조요청문서에서 사용한 지정번호 또는 심사번호를 부여한다.

① 업무협조요청문서에 대하여 회신하는 경우

② 업무협조 지연사유 등을 통보하는 경우

③ 업무협조요청문서의 보완을 요구하거나 반려하는 경우

④ 업무협조의 처리를 촉구하는 경우

⑤ 협조요청문서를 다른 기관에 이첩하여 협조를 요청하는 경우

6-5

협조처리기간

1. 협조의 종류별 처리기간

구 분	처 리 기 간
안전행정부령 지정협조	사무관리규정 시행규칙 별표 20 참조
훈령 지정협조	훈령으로 지정한 기간
수시협조	업무협조의 내용과 그 처리 및 회신에 필요한 기간 등을 고려하여 합리적으로 정함

2. 업무처리 유형별 처리기간 부여기준

① 위원회 등의 심의를 거쳐야 하는 경우 : 30일 이상

② 상급기관의 결정 등을 거쳐야 하는 경우 : 25일 이상

③ 관계기관의 업무협조를 거쳐야 하는 경우 : 20일 이상

④ 자체 종합계획의 수립을 필요로 하는 경우 : 20일 이상

⑤ 기타 경미한 사안에 대한 업무협조 : 7일 이상

6-6 협조심사

1. 협조심사의 시기 및 대상 문서

협조심사의 시기는 그 문서에 대한 결재를 마친 다음 시행하기 전에 기안문과 시행문을 협조심사관에게 제시하여 받는다. 그 대상 문서는 협조요청문서이다.

2. 협조심사관

① 업무협조문서의 심사에 관한 사무를 관장하기 위하여 각급 행정기관에 협조심사관을 둔다. 협조심사관은 특별한 사유가 있는 경우를 제외하고는 자체보고심사관이 이를 겸임한다.

② 행정기관의 장은 청사의 분리사용 등 특별한 사유로 인하여 협조 심사관만으로는 업무수행에 지장이 많을 경우 그 업무의 일부를 분장하게 하기 위하여 분임협조심사관을 지정할 수 있다.

3. 협조요청문서 시행

1) 처리과

협조요청문서를 기안·시행하고자 하는 때에는 결재권자의 결재를 받은 후 기안문과 시행문을 협조심사관에게 제시하여 협조심사를 신청한다.

2) 협조심사관

협조사항에 대한 심사를 한 후 별표 21의 표시예시와 표시위치에 관한 사항을 기재한 결과를 통보하여야 한다.

3) 처리과

문서시행절차에 따라 그 문서를 시행한다.

4) 협조요청문서 보완

① 보완대상은 문서의 내용 또는 형식에 흠이 있는 경우이다.
② 보완요청시기는 문서를 접수한 날로부터 3일 이내에 협조요청기관에 요청한다.
③ 보완요청내용은 보완요구사항을 구체적으로 명시하여 5일이상의 보완기간을 부여하여 요구사항을 일괄 요구한다.

5) 협조요청문서의 반려

흠이 있는 협조요청문서의 보완을 요구받은 기관이 보완기간 만료일로부터 7일이 경과하여도 보완하지 않는 경우에는 반려한다.

6) 업무협조의 촉구

협조기관으로부터 협조문서(협조요청문서에 대하여 회신하는 문서)가 처리기간 내에 도달되지 않는 경우에는 촉구한다.

7) 협조업무의 지연 책임

협조기관의 장은 협조지연의 책임이 있는 관계공무원에 대하여 법령이 정하는 바에 따라 징계 기타 필요한 조치를 하여야 한다.

제 7 장

서식관리 및 업무편람

7-1 서식의 개념

1. 서식의 의의

서식이란 각종 법령(법 · 대통령령 · 안전행정부령 · 부령) 또는 고시 · 훈령 · 예규 등에서 조문형식으로 나열할 수 없는 행정상의 필요사항을 상자형 · 비상자형 또는 기안(시행)문서 형태의 표현기법을 적절히 이용하여 신속성과 정확성 그리고 경제성을 확보할 수 있도록 글씨의 크기, 항목간의 간격, 기재할 여백의 크기 등을 균형있게 조절하여 사용하기 편리하도록 도안한 일정한 형식의 여백있는 사무용지를 말한다.

서식은 기관에서 장기간에 걸쳐 반복적으로 사용하는 문서로서 정형화할 수 있는 문서는 특별한 사유가 있는 경우를 제외하고는 서식으로 정하여 사용토록 한 것이다. 즉 서식은 문서의 내용을 담을 수 있는 그릇이라고 할 수 있다.

2. 서식의 기능

현대 사무관리에 있어서 '사무전산화' 또는 '사무표준화'를 위해서는 사무처리에 있어서 사무용지의 형식이나 사용방법의 정형화, 표준화 없이는 불가능하다. 따라서 서식은 사무처리에서 기본적으로 사용되고 있는 사무용지의 정형화, 규격화를 의미하므로 사무의 표준화, 능률화, 합리화를 촉진한다고 볼 수 있다. 그러므로 그 주요 기능은 다음과 같다.

① 서식의 발달은 사무관리의 현대화, 과학화를 촉진한다.

② 서식은 사무능률화와 생산성 향상에 불가결의 요소가 된다.
③ 서식은 사무표준화의 한 방법이며, 사무처리 과정상 오류를 최소화할 수 있다.
④ 일반문서의 기능을 보다 효과적으로 수행할 수 있도록 한다. 예를 들어 필요한 자료를 필요한 곳에 신속히 보낼 수 있으며, 자료보존에 편리하며, 공람과 해독을 용이하게 하고, 사무처리 과정의 시작과 끝을 분명하게 한다.

3. 서식과 사무

사무는 일상적인 사무와 예외적인 사무로 구분할 수 있다.

어떤 조직의 업무가 표준화되어 있으면, 그 업무 중에는 동일 또는 유사한 내용의 사무가 반복되는데 이같은 일상적인 사무는 일정한 형식의 사무용지, 즉 서식을 사용하게 된다.

그러나 예외적이고 일회적인 사무는 반복되지 않을 뿐 아니라 예측할 수 없는 사무이기 때문에 서식으로 만들 필요가 없을 것이다.

또한 예외적인 사무는 특별한 판단력과 기획력을 필요로 하는데 반하여, 일상적인 사무는 일정한 방법과 주기적인 절차를 따르게 되는 것이다.

특히 행정사무는 반복적이고 일상적인 업무, 사무가 많기 때문에 기관에서 다양한 서식을 제정, 사용하고 있다. 그러므로 서식관리가 사무관리에 미치는 영향은 결코 경시할 수 없는 것이다.

4. 서식의 종류

서식의 종류는 법령서식과 일반서식으로 구분된다.

법령서식은 법률 · 대통령령 · 총리령 · 부령 · 조례 · 규칙 등 법령으로 정한 서식을 말한다.

일반서식은 법령서식을 제외한 모든 서식을 말한다.

7-2 서식의 설계

1. 서식설계의 목적

서식설계는 사무내용의 기입, 관리를 신속·정확하게 할 수 있도록 하여 업무능률을 제고하는데 그 목적이 있다. 따라서 서식은 이에 맞도록 정확한 표준을 설정하여야 하고, 표준설정을 위해서는 서식설계상 필요한 원칙이 수립되어야 한다. 아울러 서식의 기본구조에 대해서 분석이 필요하다.

2. 서식설계의 원칙

서식은 신속성·정확성·경제성을 확보할 수 있도록 설계한다.

3. 일반원칙

① 서식에서 사용하는 용지의 크기는 A4규격(가로 210mm × 297mm)을 기본으로 하되, 부득이한 경우에는 별표에서 따로 정하는 규격용지 중에서 선택하여 사용한다. 다만, 증표류 또는 전산화 등 특별한 사유가 있는 경우에는 그에 적합한 별도의 규격용지를 사용할 수 있다.

② 서식은 특별한 사유가 있는 경우를 제외하고는 별도의 기안문

및 시행문을 작성하지 아니하고 서식 자체를 기안문 및 시행문으로 겸용할 수 있도록 생산등록번호 · 접수등록번호 · 수신자 · 발신자 · 시행일자 · 접수일자 및 접수결재란 등 문서의 성립요건에 필요한 기본항목을 고려하여 설계한다.

③ 인감증명과 같이 법규정에 의하여 반드시 도장을 찍도록 정한 경우 이외에는 모든 서식에 서명이나 도장을 선택적으로 사용할 수 있도록 설계한다.

④ 민원서식은 당해 민원사무의 근거법령 · 처리절차 · 처리부서 · 연락처 · 처리기간 · 수수료 · 구비서류 및 전자적 처리가능 여부 등의 항목을 포함시키는 등 민원인의 편의를 최대한 고려하여 작성해야 하고, 구비서류는 필요 최소한의 종류와 부수만을 요구하여야 한다.

⑤ 서식은 글씨의 크기, 항목 간의 간격, 기재할 여백의 크기 등을 균형있게 조절하여 기입항목의 식별이 쉽도록 설계한다.

⑥ 서식은 누구나 쉽게 이해할 수 있는 용어를 사용하여 설계하여야 하며, 불필요하거나 활용도가 낮은 항목을 넣어서는 아니된다.

⑦ 서식에는 호적 · 병적 · 연고지조사 등의 필요가 있는 경우를 제외하고는 본적란을 설치하지 아니한다.

⑧ 전자문서의 서식에 대하여는 전자정부구현을 위한 행정업무 등의 전자화촉진에 관한 법률 시행령 제4조의 규정이 정하는 바에 의한다.

4. 서식의 설계기준

〈서식의 설계기준(제83조 관련)〉

구 분	내 용	설계기준
행정기관명, 발신명의 및 결재란 등(이란은 보고서식 등기안문 및 시행문 형식을 필요로 한 경우에 추가로 설치)	행정기관명	그 문서를 기안한 부서가 속한 행정기관명을 가장 윗부분 가운데에 둔다.
	발신명의	발신명의는 본문의 아랫부분 가운데에 둔다.
	결재란 등	공문서의 발신명의의 아래에 다음 사항을 설치한다. 가. 기안자, 검토자, 협조자, 결재권자의 직위(직급) 및 서명 나. 우편번호, 주소, 홈페이지주소 다. 전화번호, 모사전송번호, 공무원의 공식 전자우편주소, 공개구분
표제란	1. 서식명	가. 다른 서식과 혼동을 일으키지 아니하도록 서식의 내용을 확실히 알 수 있는 명칭을 붙인다. 나. 위치는 윗부분 가운데에 둠을 원칙으로 한다.
	2. 수신자명	가. 위치는 윗부분 왼쪽에 둠을 원칙으로 한다. 나. 수신자가 일정한 경우에는 이를 명시한다.
	3. 발행일자	가. 위치는 윗부분 또는 아랫부분 오른쪽에 둠을 원칙으로 한다. 나. 시행문서로서의 성격을 가진 것은 발행일자와 함께 등록번호를 명시한다.
	4. 발행번호	각종 증명서 등의 서식에는 발행번호를 둔다.
	5. 발신명의	가. 위치는 아랫부분 가운데에 둠을 원칙으로 한다. 나. 발신명의를 명시함을 원칙으로 한다. 다. 발신명의 다음에는 성명을 표시하지 아니함을 원칙으로 한다.
본 란	1. 항목란	가. 구비서류를 따로 받지 아니하도록 그 내용을 기입할 수 있는 항목을 둠을 원칙으로 한다. 나. 항목의 일련번호는 왼쪽에서 오른쪽으로, 위에서 아래로 전한다. 다. 항목은 서식의 내용을 쉽고, 일관성 있게 파악할 수 있도록 배열한다. 라. 검토 · 분류 · 선별의 대상 및 기준이 되는 항목의 위치는 다음과 같다. (1) 왼쪽에서 철하는 경우－오른쪽

구 분	내 용	설계기준
		(2) 위에서 철하는 경우－아랫부분 (3) 카드의 경우－윗부분 마. 다른 서식에 옮겨 적어야 하는 항목은 그 서식에 따라 배열함을 원칙으로 한다. 바. 민원서식은 다음과 같이 배열함을 원칙으로 한다. (1) 인적사항－서식명 바로 아랫부분 (2) 구비서류의 종류 및 부수－왼쪽 아랫부분 (3) 처리기간－오른쪽 윗부분 (4) 수수료－오른쪽 아랫부분 (5) 업무흐름도표－뒷면 (6) 전자신청가능여부－오른쪽 윗부분 여백에 다음 예시와 같이 전자신청가능여부를 표시한다. (예시) 이 서식은 전자신청이 가능한 서식입니다. 사. 행정편의와 단순한 관행상의 이유만으로는 민원서식상의 날인란을 두지 아니하되 필요한 경우에는 서명 또는 손도장으로 갈음한다. 아. 주소변경 시 별령에 신고규정이 없는 허가증・인가증・자격증・신고필증 등의 서식에는 주소란을 두지 아니한다. 자. 오른쪽 상단에 전자적 신청이 가능한 경우에는 이를 표시한다.
	2. 기입란	가. 너비는 타자의 경우는 9mm, 필기의 경우는 10mm, 다기능 사무기기의 경우는 8.5mm로 함을 원칙으로 한다. 나. 길이는 해당란에 기입할 내용에 따라 정한다. 다. 기입란명은 기입할 내용을 확실히 알 수 있는 명칭을 붙인다.
	3. 금액 및 숫자란	계산이 필요한 숫자란은 계산의 순서를 고려하여 상하 또는 좌우로 배열하고 계산부호를 붙인다.
부가란	1. 기재상 주의사항 2. 비고란 3. 공지사항	서식의 윗부분에 기입하되 부득이한 경우에는 앞면의 윗부분에 주의사항에 대한 안내문구를 표시하고 별지 또는 뒷면에 그 내용을 기입힌다. 기재할 내용이 있는 경우에만 둔다. 공지할 필요가 있는 사항은 서식의 아랫부분에 둠을 원칙으로 한다.

5. 용지의 지질 및 중량

번호	서식용지의 용도	지질 및 중량
1	비치카드 · 상장 · 통지서(엽서) · 임용장, 또는 게시하는 각종 증서등	보존용지(1종) 120g/m^2
2	보존기간이 20년 이상인 문서의 서식, 보존기간이 10년 이상인 기안용지 · 회계장부 및 특수대장	보존용지(1종) 70g/m^2
3	보존기간이 10년 이상인 문서의 서식(제 2호의 서식제외), 보존기간이 5년 이하인 문서의 서식, 일반대장(보존기간 10년미만) 및 회의안건 · 보고서 등	보존용지(2종) 70g/m^2 또는 일반용지 60g/m^2(재활용품)
4	각종 민원신청서 및 신고서 · 통지서	일반용지 60g/m^2(재활용품) 또는 신문용지 54g/m^2(재활용품)
5	행정간행물(보존기간 10년 이상)	보존용지(2종) 0g/m^2

7-3 서식의 제정 · 승인 및 관리

1. 서식의 제정

행정기관 또는 일반조직에서 장기간에 걸쳐 주기적, 반복적으로 사용하는 문서로서 정형화 할 수 있는 문서는 특별한 사유가 있는 경우를 제외하고는 서식으로 정하여 사용한다. 특히 다음에 해당하는 서식은 법령으로 정한다.

① 국민의 권리 · 위무와 직접 관련되는 사항을 정하는 서식

② 인가 · 허가 및 승인 등 민원에 관계되는 서식

③ 행정기관에서 공통적으로 사용되는 서식 중 중요한 서식

다만, 법령에서 고시 등으로 정하도록 한 경우와 기타 특별한 사유가 있는 경우에는 그 서식을 고시 · 훈령 또는 예규 등으로 정할 수 있다.

2. 서식의 승인

1) 서식의 승인기관

① 국무총리 : 중앙행정기관이 법령으로 제정 또는 개정하는 서식은 국무총리의 승인을 얻어야 한다*.

② 중앙행정기관의 장

㉠ 중앙행정기관의 장 : 중앙행정기관의 소속기관이 제정 또는 개정하는 서식

㉡ 안전행정부장관 : 지방자치단체가 제정 또는 개정하는 서식

㉢ 교육부장관 : 교육행정기관이 제정 또는 개정하는 서식

2) 서식승인의 신청

서식승인신청서 · 서식제원(규칙 별지 제38호 서식)과 서식초안 각 2부를 첨부하여 신청하여야 한다. 이 경우 서식초안은 특별한 사유가 있는 경우를 제외하고는 전산기기에 의하여 작성한다.

둘(2) 이상의 기관에 관계되는 서식은 서식승인신청전에 관계기관과의 사전협의를 거쳐야 한다.

* 「행정권한의 위임 및 위탁에 관한 규정」에 의하여 안전행정부장관에게 서식승인권이 위임되어 있다.

3) 서식제원

(1) 서식승인의 표시

승인된 서식에는 당해 서식의 아래 한계선 오른쪽 밑에 용지의 규격·지질 및 단위당 중량량을 표시한다.

(2) 서식의 수정

승인된 서식에 대하여 전산화 등으로 승인된 서식을 그대로 사용할 수 없는 경우와 단순히 자구수정이나 활자크기·종이류 등을 변경하고자 할 경우에는 서식제정의 근본목적을 침해하지 아니하는 범위 안에서 이를 변경 사용할 수 있으며, 사후통보로 승인에 갈음한다.

4) 승인서식의 송부

서식승인기관이 서식을 승인한 때에는 당해 서식승인사항을 서식승인신청기관에 송부한다.

5) 정기보고서식

정기보고서식의 승인에 대하여는 규정 제48조 제5항의 규정이 정하는 바에 의한다.

3. 서식의 관리

행정기관의 장은 부득이한 경우를 제외하고는 서식을 전산기기에 의하여 승인서식의 전산관리를 하고 이를 사용자에게 제공하여야 한다. 그리고 국민편의를 위하여 필요하다고 인정되는 서식은 디스크 등에 수록하여 정부정산정보관리소장(정보유통과장)에게 통보한다.

7-4 업무편람

1. 의 의

업무편람이란 상당기간에 걸쳐 주기적·반복적으로 행하는 업무수행에 합리적인 방향을 제시해 주는 것으로서 첫째, 조직의 방침과 기능 둘째, 사무처리의 절차와 방법 셋째, 준수하여야 할 제원칙 넷째, 경제성과 능률성을 고려하여 단순화하고, 표준화하여 이해하기 쉽고 업무처리에 편리하도록 작성한 업무지침서이다.

즉, 업무편람이란 업무수행에 합리적인 방향을 제시하여 주는 것으로서 능률성과 경제성의 원칙에 따라 단순화하고 표준화하여 이해하기 쉽고 업무처리에 편리하도록 작성한 업무지침서이다.

2. 종 류

업무편람은 그 내용, 적용범위 및 작성기관에 따라 여러 가지로 분류할 수 있으나, 각 기관에서 발간, 배포하는 업무편람과, 부서별로 작성하여 활용하는 직무편람으로 크게 구분한다.

① 행정편람 : 행정기관에서 발간·배포하여 활용하는 편람

② 직무편람 : 부서별로 작성·활용하는 편람으로 부서편람

3. 업무편람의 작성 및 활용효과

1) 작성효과

① 현재의 업무상태를 파악할 수 있다.

② 사무표준화 · 규격화 · 단순화 · 전문화를 촉진할 수 있다.

③ 기타 현재의 불합리한 점을 발견하여 개선할 수 있다.

2) 활용효과

① 사무활동의 목표, 방침의 기준을 세워준다.

② 업무처리의 표준화 · 전문화에 기여한다.

③ 사무통제는 물론 사무혼란, 중복 등을 줄일 수 있다.

④ 교육훈련의 실효성있는 교재가 된다.

⑤ 기타 사무능률증진에 대한 관심을 증진시킨다.

7-5 행정편람

1. 의 의

행정편람은 다수의 행정기관 또는 담당자가 공통적으로 활용하는 업무치침서 또는 업무참고서를 말한다. 이는 정부명의 발간하는 정부편람과 행정기관의 명의로 발간하는 기관편람이 있다.

2. 행정편람의 심의 및 발간기관

1) 행정편람의 심의

행정기관의 장은 행정편람을 발간함에 있어서 필요한 경우에 해당기관의 공무원 및 관계전문가를 심의자문위원으로 위촉할 수 있다. 이 경우 심의자문위원회에 대하여는 예산의 범위 안에서 수당 기타 필요한 경비를 지급할 수 있다.

2) 발간기관

행정편람은 당해 행정기관의 장이 발간한다.

3. 관리 및 활용

1) 행정편람의 관리

행정편람은 개인소장을 금지하고 서가 또는 책장에 비치하여 관계자가 누구든지 항상 손쉽게 참조 · 활용할 수 있도록 하여야 하며, 관리책임자를 지정하여 자료관리대장에 등록 · 관리하여야 한다.

2) 행정편람의 수정 · 보안

행정편람의 발간기관은 관련제도의 변경 등으로 행정편람의 내용을 수정 또는 보완하여야 하는 사유가 발생한 때에는 그 내용을 수정 또는 보완하여야 한다.

7-6 직무편람

1. 의 의

직무편람은 부서별로 그 소관업무에 대한 업무계획 · 관련 업무현황 기타 참고자료 등을 체계적으로 정리하여 활용하는 업무현황철 또는 업무참고철을 말한다.

예를 들어 부서편람은 특별한 사유가 있는 경우를 제외하고는 행정기관의 직제에 규정된 최하단위부서(과 또는 담당관)별로 작성하는 것이 원칙이다.

그리고 직무편람에는 다음 사항을 포함하여 작성하되, 수시로 수정 · 보완하여 활용할 수 있도록 하여야 한다. 아울러 업무인계 · 인수시에 이를 함께 인계 · 인수하여야 한다.

① 업무연혁 · 관련 업무현황 및 주요 업무계획
② 업무의 처리절차 및 흐름도
③ 소관 보존문서 현황
④ 기타 업무처리에 필요한 참고사항

2. 관 리

① 처리과의 장은 정기 또는 수시로 직무편람의 내용을 점검하여야 한다.
② 업무편람은 컴퓨터 파일로 관리할 수 있다.

제 8 장

사무환경관리

8-1 사무환경의 개념

사무라 함은 날마다 계속해서 하는 공무(公務)나 사업 등에 관한 업무를 말한다. 사무나 생산, 작업 등은 사무실을 기반으로 이루어지므로 이를 위한 환경이 존재하는데 이를 업무환경 또는 사무환경이라고 한다.

다시 말하면 사무환경이란 업무를 중심으로 자신의 주변에서 발생하는 주변환경을 말하는 것이다. 사무환경이 좋고 나쁨에 따라 사무 또는 업무의 생산성, 능률성이 높고, 낮게 나타나므로 사무환경관리는 매우 중요하다.

사무환경관리의 목적은 업무효율성과 작업생산성의 극대화에 있다.

8-2 사무환경의 요소

사무환경을 이루는 요소에는 심리적 요소와 물리적 요소가 있다.

1. 심리적 요소

심리적 요소라 함은 사무실 내에서 업무를 담당하는 근무자가 마음으로 느끼는 쾌적함, 편리함, 깨끗함, 조용함 등의 마음에 작용하는 심적 요소들을 의미한다.

건축물 내에 근무하는 재실자가 마음으로 안정되고, 편리하고,

쾌적하고, 조용함과 깨끗함을 느끼게 하여 주관적으로 기분을 좋게 하는데 작용하는 요소들로서 건물의 내부환경에 해당하며, 업무성과나 사무능률성 향상으로 나타나게 되는 것이다.

실내 쾌적성을 결정하는 실내온도, 습도, 기류와 청정도(부유분진), 소음, 진동 등에 대하여 요구되는 기준은 다음과 같다.

1) 실내온도와 습도

건물의 쾌적성은 실내의 적정온도, 습도, 청정도, 기류 등에 의하여 확보된다. 한국의 경우 여름(6월 1일~9월 30일)에는 26~28℃의 온도가 적당하고, 겨울(12월 1일~익년 3월 31일)에는 18~20℃가 유효하다.

습도는 50±10%로 유지함이 쾌적성에 적정하다. 참고로 실내 쾌적성을 위한 온도의 유지는 외부온도와 실내온도의 차이는 5℃ 이내로 유지하는 것이 바람직하다.

2) 기 류

기류는 실내공기의 이동을 의미하는 것으로 0.5m/sec으로 유지하는 것이 실내 쾌적성 유지에 적정하다.

실내공기의 교류가 전혀 없는 경우 인체 내에서 발생하는 냄새, 사무집기가 기기에서 나는 냄새, 실내마감재 냄새 등으로 근무자의 심리상태를 나쁘게 만드는 요인으로 작용하고, 반대로 기류가 빠른 경우 업무에 나쁜 영향을 주게 된다.

3) 청정도

실내 청정도는 부유분진의 정도와 깨끗한 공기 여부에 따라 결정된다. 실내에는 가시광선의 영향으로 보이지 않으나 실제로 떠다니는 부유분진은 상당히 존재하며, 재실자의 탄산가스 배출과 함께 탁한 공기가 존재한다.

따라서 실내의 분진기준은 0.15mg/m^{3}으로 정하고, 실내 공기질을 유지하도록 하여야 한다.

4) 소 음

실내 쾌적성을 유지하려면 소음으로부터 해방되어야 한다. 따라서 실내 쾌적성을 유지하지 위하여 체계적으로 소음원인을 규명하고, 소음원을 해소하여 조용한 실내환경이 되도록 노력하여야 한다. 생활소음을 규제하는 소음규제기준은 다음과 같다.

〈소음원과 규제기준〉

대상 소음별 \ 시간별		조 석 05:00~08:00 18:00~22:00	주 간 08:00~18:00	심 야 22:00~05:00
확성기 소음	옥외	70dB 이하	80dB 이하	사용금지
	옥내에서 옥외	55dB 이하	60dB 이하	50dB 이하
공장/작업장 소음		55dB 이하	60dB 이하	50dB 이하
심야계속 · 반복적 소음				50dB 이하

비고 : 1. 옥외설치 확성기의 경우 4월1일부터 9월30일까지 심야시간대 중 04:00~05:00는 허용하되, 그 규제기준은 60dB(A) 이하로 한다.
2. 옥외에 설치한 확성기의 사용은 1회 2분 이내로 하여, 15분 이상 간격을 두어야 한다.

〈용도지역별 소음규제기준〉

용도지역	주 간	조석(아침 · 저녁)	야 간
주거전용(AA)	45dB 이하	40dB 이하	35dB 이하
일반주거(A)	50dB 이하	45dB 이하	40dB 이하
상업 · 공업(B)	60dB 이하	55dB 이하	50dB 이하

소음방지를 위한 요령을 살펴보면 다음과 같다.

① 사무실 내에서 보행 시나 집기를 사용할 경우 소리를 내지 않도록 주의하고, 소음이 많이 발생하는 사무기기는 칸막이를 이용하여 소음을 최소화한다.

② 사무실 내의 바닥은 탄성이 있는 재료를 사용하여 소리가 나지 않도록 한다.

③ 외부방문객이 사무실 깊숙이 출입하지 않도록 별도의 접견실을 마련한다.

④ 사무실 배치를 합리적으로 하여 불필요한 보행이나 소음이 발생하지 않도록 한다.

⑤ 천장이나 벽 등에 흡음재, 방음재를 사용하여 실내소음을 줄이도록 한다.

5) 실내색상

색상이란 색이 가지고 있는 물리적 성질과 색이 사람에게 주는 심리적 · 생리적 효과를 주는 색의 상태에서 사무능률에 영향을 미친다. 그리고 사람의 주관적 기분에 작용하기도 한다. 따라서 건물의 외부는 물론 사무실의 천장 · 벽 · 바닥 · 비품의 표면 등의 색상이 주요 대상이 된다. 이는 색상심리작용표를 참고하여 결정하는 것이 바람직하다.

〈색상심리작용표〉

속 성	감 각	상 징	색 (예시)	감 정	자극 정도	침착 정도	진정 정도
색상	따뜻한 색	적극적 활동적	적색	용기, 권한, 격정, 분노, 환희, 흥분, 열성	대	소	소
			황적색	기쁨, 활발, 원기, 쾌락	대		소
			황색	희망, 유쾌, 향상, 활동, 광명, 명랑	대		소
	중성색	중용 평정 평범	녹색	안심, 평화, 진정, 위안, 관대	중		대
			자색	엄숙, 신비, 불안	중		중
	차가운 색	냉정 소극성 침착성	청록색	안심, 청량, 우울, 순정	소	중	대
			청색	침착, 소극, 비애, 진실	소	중	중
			청자색	신비, 숭고, 고독	소	대	소
명도	밝음	양기 명랑	백색	순결, 결백, 존경	대	소	
	중간	침착	회색	침울, 억울.	중	대	소
	어두움	음기 중후	흑색	음침, 불안, 엄격	소	중	
채도	높음	신선 발랄	자주색	열렬, 정열	대		
	중간	관대 온화	핑크색	애정, 부드러움	중	중	
	낮음	침착 성숙	다색	침착, 고요	소	대	대

2. 물리적 요소

사무환경을 형성하는 물리적 요소라 함은 사무실의 방향과 면적, 배치, 위치 그리고 보조시설, 사무집기 및 비품, 설비, 조명, 이동동선, 접근통로(동선) 등 사무환경에 영향을 주는 요소를 의미한다. 이 중에서 사무실, 집기비품, 조명 등에 대해서 살펴보면 다음과 같다.

1) 사무실

사무실은 사무나 업무의 중심공간으로서 업무성과나 사무능률에 지대한 영향을 미치는 물리적 환경요소이다. 사무실의 배치와 면적 산정은 업무나 사무의 편리성, 쾌적성, 능률성, 효율성, 경제성 등을 고려하여 배치하고, 이에 상응한 면적을 산정하여야 한다.

한편 사무실의 배치는 조직의 배치(회장, 사장, 전무, 상무, 부·실장, 과·팀장, 근무자 등)와 사무실 집기·비품 등을 고려하여, 평면 레이아웃(lay out)을 통한 타당성을 고려하여야 한다. 사무실 배치 시 고려하여야 할 사항을 보면 다음과 같다.

① 건물 : 건물내부의 모양, 기둥, 계단, 승강기, 화장실, 방재 및 통신시설 등을 고려하여 배치한다.

② 조직·임무 : 회장, 사장, 실·국, 부, 과의 편제와 수, 관리자의 직급 및 인원, 분장업무 등을 고려한다.

③ 업무 : 업무내용과 서류의 접수·전달·보관 및 업무상 상호관련이 높은 유관부서와의 상호관계, 조직의 발전성 등을 고려한다.

④ 사무기기와 집기·비품 : 사용하고 있는 사무기기, 비품은 물론 앞으로 사용하거나 도입예정인 사무기기 및 비품 등을 고려한다.

⑤ 회의 및 시설이용 : 회의의 성질, 참석인원, 빈도와 방문객의 유형, 인원, 방문시간, 접객방법 등을 고려한다.

⑥ 사무환경 : 사무실의 조명·온도·색상·환기(공기질)·소음 등을 고려한다.

⑦ 사무실 배치 : 사무능률과 업무성과를 얻기 위한 사무실 배치 요령은 다음과 같다.

㉠ 대사무실주의 : 이 방법은 사무실을 지나치게 세분하여 면

적을 좁게 사용할 것이 아니라, 여러 부서를 가능한 한 곳에 집중시켜 넓게 사용하는 방법이다. 이는 실내의 공간이용도를 높일 수 있어 약 20~30% 정도 사용면적 증대효과를 가져오기도 한다.

문서의 접수·발송 등과 같은 각 부서의 공통적인 업무를 집중관리하기에 용이하고, 사무기기 및 비품의 이용도를 제고할 수 있다.

실내조명, 온·습도조절, 공기질(환기), 기타 실내환경관리를 일원화할 수 있어 관리비가 절감된다.

부서별 직원들 간에 행동비교가 이루어지게 되므로 자율적인 근무자세 향상은 물론 상급자 입장에서는 관리, 감독이 용이할 뿐만 아니라 감독범위도 넓어진다.

작은 사무실로 세분화됨으로서 발생할 수 있는 업무의 경직가능성을 상쇄시킬 수 있다. 타 부서 직원과의 교류를 통해 상호간 친숙과 업무협조에 도움이 될 수 있다.

ⓛ 업무처리의 직선화 : 업무처리의 흐름이 일정 방향으로 계속 이동할 수 있도록 사무실을 배치함으로써 업무가 되돌아오거나 Z자형(지그재그형)으로 교차하지 않도록 하는 것이다. 사무실을 직선적으로 배치하기 위해서는 사무실에서 작성되는 문서가 어떻게 흐르고 있는가를 파악하여야 하며, 그 외에도 각 부서 간 교환되는 문서의 종류와 양도 파악하여야 한다. 이와 같이 업무처리의 흐름이 전방을 향하여 이동할 수 있도록 사무실을 배치함으로써 사무직원의 동선을 최소화할 수 있다.

ⓒ 관련 부서 간 인접배치 : 업무내용상 관련이 많은 부서는 서

로 근접, 배치하는 것이 효율적이다. 회의실은 그 사용빈도가 높은 부서 옆에 배치하고, 서류보관실 · 전산실 등 중앙집중 서비스 부서도 그 이용빈도가 높은 부서를 근접 배치하도록 한다.

㉣ 사무기계화 고려 : 나날이 증가하는 정보를 신속 · 정확하게 처리하기 위한 각종 사무기기의 도입을 고려하여 사무실을 배치한다.

㉤ 내방객 많은 사무실은 다음 사항을 고려하여 배치한다. 방문객들이 이용하기에 편리한 건물의 출입구 근처에 배치하여 내방객들이 건물 깊숙이 출입함으로써 발생되는 혼잡함을 최소화한다. 예를 들어 민원실, 면회실, 전시실, 홍보실 등은 건물의 1층 출입구 근처에 배치하는 것이 좋다.

2) 책상 및 사무집기

책상배치는 '일 중심'의 합리적인 배치가 이상적이다. 부서장 등 관리자의 좌석은 일반직원과 대면하는 것 보다는 후면에 위치하도록 함으로써 직원의 근무상태를 확인 · 감독하기가 쉽도록 한다.

특히 이것은 책상의 동일방향 배치와 관련되는 것으로서 특히 다음과 같은 경우에 유용하다.

① 직원의 사무처리 내용이 대부분 표준화되어 있을 때

② 연구 · 조사 · 기획 · 정밀계산 등과 같이 주의, 집중도가 높은 사무일 때

③ 결재 · 의사결정의 통보 · 개별적 면담 · 통신연락 등의 업무가 비교적 많은 사무일 때

그러나 이 배치방법은 부하직원의 입장에서 볼 때 별도의 방에

배치하는 것이 근무에 대한 심리적 부담을 덜어준다.

한편 업무수행상 내방객의 접대가 많은 직원과 외래 방문자가 비교적 많은 부서의 관리자의 좌석은 출입구 근처에 배치하는 것이 다음과 같은 점에서 유리하다.

① 방문자의 잦은 출입으로 인한 소음을 최소화할 수 있다.
② 면담과정에서 발생하는 대화 등의 소음으로 인해 다른 직원의 주의집중에 방해요인으로 발생할 수 있는 요소를 제거할 수 있다.
③ 방문객의 출입편의를 제공할 수 있다.

사무기기는 업무처리 및 기기이용 등을 고려하여 배치하되, 소음 등이 직원에게 미치는 영향을 감안하여, 집중배치하거나 칸막이 등을 사용하여 업무수행에 지장을 주지 않도록 한다.

비품 기타 각종 사무용품은 사용자의 좌석 근처에 두고, 여러 직원이 공동으로 사용하는 캐비닛 · 파일링캐비닛 · 책장 등은 사용빈도를 고려하여 가장 가깝고 편리한 장소에 배치하도록 한다. 즉 사용자의 동선(動線)을 최소화하여야 한다.

3) 실내조명의 조도

사무실의 조도는 주로 책상 또는 작업대(일반적으로 사무실 바닥으로부터 85cm 정도)에 있어서의 수평조도를 나타내며, 설계 · 제도 · 정밀계산 및 공정 등의 작업을 할 경우에는 국소조명(局所照明)을 병행하는 것이 바람직하다.

사무실의 조도은 산업발전과 생활수준의 향상에 따라 대체로 상승하고 있는데, 관계법령에서 정한 사무실의 용도에 따른 최저 조도기준은 다음과 같다.

〈사무실용도에 따른 최저 조도기준(건축법 시행규칙 제30조)〉

		바닥위 85cm의 수평면의 조도
집무	설계・제도・계산	700 Lux
	일반사무	300 Lux
	기타	150 Lux
작업	검사・시험・정밀검사・수술	700 Lux
	일반작업・제조・판매	300 Lux
	포장・세척	150 Lux
	기타	70 Lux
집회	회의	300 Lux
	집회	150 Lux
	공연・관람	70 Lux

참고문헌

김병기 외 1인, 사무관리 이해, 청목출판사, 2007.

김세중, 사무관리실무, 대경, 2012.

김영회, 사회복지현장 사무관리, 양서원, 2006.

김원규 외 1인, 비서학, 남두도서, 1999.

김원규 외 3인, 건물경영관리론, 남두도서, 2004.

김원규, 사무관리, 남두도서, 2000.

나윤기, 인적자원관리, 학문사, 1999.

도윤경, 문서사무관리실무, 두남, 2009.

박철하, 문서사무관리, 21세기사, 2011.

배성기, 민간위탁운영관리 비용산정, 한국민간위탁경영연구소, 2011.

______, 민간위탁조례 및 계약관리방안, 한국민간위탁경영연구소, 2011.

이광재, 사무관리, 삼보, 2002.

이석호, 실전사무관리, 선학사, 2008.

이평원, 행정사무관리론, 형설출판사, 2007.

정재욱, 현대행정관리론, 대영문화사, 2004.

행정자치부, 사무관리 및 기록물관리 실무, 2003.

高原眞, 事務管理, 一橋出版(日本), 1991.

秦田文平, 現代事務管理論, 同友館, 1990.

찾아보기

저자약력

김 원 규

- 충남대 및 건국대 대학원(석 · 박사) / 행정학 박사
- 건국대 조교 및 대한전문건설협회 근무
- 건국대 행정대학원, 극동대 대학원 등 대학 및 연수기관 강사
- 한국부동산학회, 한국토지행정학회 이사 역임
- 한국건물관리학회, 한국주거환경학회 부회장 역임
- 동해대학(현 한중대학교) 전임강사 및 조교수 역임
- 동원대학교 조교수 및 부교수 역임
- 한국직업능력개발연구원 e-Learning 심사위원 역임
- 1999년 대통령 표창
- 2001년 교육인적자원부장관 표창
- (현) 한국건물행정기술관리협회 이사
- (현) 지식경제부(기술표준원) KS인증심사원
- (현) 서울시 공무원승진자격시험 출제 및 검증위원
- (현) 경기도 광주시 분양가상한제 자문위원(위원장)
- (현) 경기도 이천시 · 여주군 임대주택분쟁조정위원회 위원
- (현) 경기도 광주시 행정정보공개 · 지방세심의위원회 위원
- (현) 동원대학교 교수

이 상 식

- 계명대학교 대학원 회계학과 경영학 박사
- 한중대학교 경영학부 부교수 및 교수 역임
- 한국회계학회 정회원
- (현)동원대학교 강사

사 무 관 리

2판 2쇄 발행 2017년 2월 20일

저 자 김 원 규 · 이 상 식
발행인 남 승 우

발행처 남두도서

서울시 동작구 사당로9가길 6(사당동)
TEL : (02)595-1692~4
FAX : (02)595-1394
E-mail : namdoo6@unitel.co.kr
신고 : 5-76호 (1998. 11. 4)

정가 18,000원

ISBN 978-89-5780-148-2 13320

〈디자인〉 편집 엄해숙 / 표지 나아기획